Der hermetische Bund teilt mit:

Sonderausgabe Nr. V

Weltvollendung – Verzauberungen

H. A. Müller

Mein Dank geht an Peter Windsheimer für das Design des Titelbildes. Des Weiteren an Ariane und Michael Sauter.

Für Schäden, die durch falsches Herangehen an die Übungen an Körper, Seele und Geist entstehen könnten, übernehmen Verlag und Autor keine Haftung.

Copyright © 2012 by Christof Uiberreiter Verlag
Waltrop • Germany

Herstellung und Verlag:
BoD – Books on Demand, Norderstedt
ISBN 978-3-7386-1865-5

Alle Rechte, auch die fotomechanische Wiedergabe (einschließlich Fotokopie) oder der Speicherung auf elektronischen Systemen, vorbehalten
All rights reserved

Inhaltsangabe:

Original Titelbild 4
Vorwort 5

Das erste Buch – Weltvollendung 6

1. Die Vollendung der Liebe – Eine Lehrrede für jeden 6
2. Erster Teil: Das Antlitz der Welt – Zeitliches und ewiges Wesen der Welt 10
3. Menschliche Weltanschauugen 11
4. Vom wahren Bau der Welt 12
5. Das Weltaktive 14
6. Das Weltpassive 15
7. Das Weltharmonische 15
8. Der unoffenbare Name 16
9. Die wahre Lehre von den Reinkarnationen 17
10. Zweiter Teil: Das Gefüge der Welt – Neunordnung 19
11. Das Trialogon 22
12. Die Lehre der Weltvollendung – Verkündung 39
13. Die Lehre 39
14. Anhang: Der triosophische Weltentierkreis 47

Das zweite Buch – Verzauberungen 48

Magische Gedichte
Lieder der Liebe
Sprüche

HANS ALBERT MÜLLER

WELTVOLLENDUNG
Die Vollendung der Liebe

TRIOSOPHIE

Die Geheimwissenschaft und Weltanschauung von den drei Urwurzeln des gesamten Seins

Erste Zusammenfassung der Lehren des europäischen Buddhas

UMSCHLAGBILD VON BR. I. L. CURVENAL - TRIESTE - 1930

Vorwort:

Wie wir schon in mehreren Büchern bereits erwähnten, war es Franz Bardons Aufgabe, sich in alle zugänglichen Logen und Orden Einblick zu verschaffen. Deshalb wurde er Mitglied im „Orden zur Weltvollendung" und freundete sich mit Herrn H. A. Müller an. Ihm ließ er die „Akasha-Bilder" zukommen, so dass sie selbiger in seinem buddhistischen „Buch vom Buddha des Westens" veröffentlichen konnte.

Da der obige Autor noch so manche Perle schrieb, bin ich überaus erfreut, dass mir diese weiteren Schriften der okkulten Literatur zugespielt wurden, denn gesucht habe ich sie schon lange. Doch bekam ich sie nicht! Jetzt erst ermöglichte es mir der Blaue Mönch Ariane, dass sie mir gewisse Bücher und Materialien zukommen lässt, denn aus dem Astralen hat sie viel mehr Handlungsmöglichkeiten wie hier auf Erden. Doch darüber werde ich ein anderes Mal eingehender berichten.

Hohenstätten

Die Vollendung der Liebe

EINE LEHRREDE FÜR JEDEN.

Worauf es aber im Ganzen ankommt, bevor Ihr nun die Lehre hört, bevor Ihr nun die Lehre verstehen könnt, das bin ich gezwungen, Euch zu erklären. Nicht einfach ist die Lehre. Weil sie ein Ganzes ist, ein Einziges, eine Welt, ein langer Weg, der, einmal beschritten, auch zu Ende gegangen sein will. Deshalb ist die Lehre vielgestaltig und schwer zu leben. Denn über den Körper schreitet sie hinaus, über die Seele.

BRUDER HAM – Hans Albert Müller

Ein Werkzeug des Geistes ist sie, nur durch den Geist zu erlangen, nur durch den Geist zu vollenden. In wie viel Inkarnationen wäret Ihr auf dieser Erde und habt die Lehrer, die vor mir waren, nie verstanden. Das Evangelium, das Asiens Buddha brachte, schien Euch ein Bollwerk nur gegen den Körper. Ihr sagt, der Buddha lehre, dass auch der Geist nur ein Produkt sei des Ergreifens, des Verdauens, der Scheinwelt. Ihr sagt, dass der Christus Jesus Euch zur Erlösung eine menschliche Liebe empfahl, eine

Liebe der Schwäche, der Hingabe, des Verzichts. Darum ist soviel Leid in der Welt, weil Ihr nicht verstanden habt. Ich aber zeige Euch eine neue Sonne, die des unsterblichen Geistes, der in Euch ist. Ihr seid Gott. Ihr seid unsterblich. Ihr seid ewig. Weil Ihr es aber seid, könnt Ihr vollkommen werden wie Gott, glücklich, weisheitsvoll, erlöst. Nur der Weg muss Euch gezeigt werden, nur die Art muss Euch gelehrt werden. Der Weg aber, der lange, der weise, der letzte Weg, das ist die Lehre von der Weltvollendung, der Vollendung der Liebe. Nichts weiter ist nötig, nur sie, die kleine Lehre, die Lehre der neun Gesetze. Neun Gesetze der Weisheit wollen geübt sein, wollen durchdacht sein, wollen gelebt sein. Aber ist das so schwer? Schwerer ist es fürwahr, den wahren Weg erst zu finden, leichter ist es, ihn dann zu gehen. Ich gebe Euch den wahren Weg. Auf die große Reinheit kommt es an. Was ist Reinheit? Alles. Sie ist Brudergemeinschaft und Harmonie mit dem Willen Gottes zugleich. Sie ist Freiheit und Gerechtigkeit. Warum? Weil Ihr schwerelos werden sollt, empfindlich gegen die Welt, durchgeistigt, herzensrein. Wer aber lehrt Euch dies? Ich will es Euch sagen: Die Blumen, die Pflanzen, die Bäume, Euere jüngsten Brüder in der Welt. Das ist keine Sentimentalität, so zu leben, das ist wahre Harmonie mit Gott. Die Blumen, Pflanzen, Bäume haben eine ewige Seele, wie Ihr alle. Sie sind allerdings die großen Schweiger, stumm, rein und doch gewaltig, wie nur die Sterne über uns. Die Tiere zu schützen, scheint Euch allenfalls verständlich. Die Pflanzen zu Freunden zu werben, haltet Ihr für nicht recht nützlich. Und doch sage ich Euch, die Ihr übermenschliche Kräfte erwerben wollt, die Ihr Magier werden wollt, Halbgötter, Erlöste, Weise, die Ihr glücklich werden wollt, die Ihr das Ewige in Euch erkennen wollt, Ihr müsst heute bei den Blumen, Pflanzen, Bäumen anfangen. Sie lehren Euch rein zu werden, weil sie es immer sind. Sie lehren Euch zart zu werden, durchgeistigt, empfindlich gegen die Welt, herzensrein. Sie opfern sich für Euch ohne Klage, sie nähren Euch, sie kleiden Euch, sie heilen Euch, sie erfreuen Euch durch Duft, Farbe und Schatten und ernten doch so wenig Dank. Sind sie Euch aber zu Freunden geworden, dann ist die ganze Welt Euer Freund. Das aber will ich von Euch: Weltfreundschaft, Wohlwollen gegen alles, was ist. Keine übertriebene Liebe ist nötig, keine schwärmerische Hingabe; eine männliche, starke, tiefempfundene Freundschaft gegen alles was ist, ein Ja-Sagen auch zu den Schmerzen, Freuden und Umwegen der anderen Kreatur ist nötig, um Euch selbst zu erlösen, vollkommen zu machen, weise und gerecht. Weisheit verlangt Einsicht, die mehr ist als Mitleiden, die eine einzige große Weltfreundschaft will, die alles verstehen und alles verzeihen kann. Dazu habe ich Euch die Lehre von der Weltvollendung erklärt, die ein philosophischer und ein praktischer Weg zur Weltfreundschaft ist. Dazu aber sollt Ihr Euch nur von Früchten nähren, weil sie das Geschenk der Welt zur Nahrung für Euch sind. Es wurde oft gesagt, dass der menschliche Organismus geradezu für die Fruchtkost eingerichtet ist. Richtet Euch nach dieser Wahrheit. Ferner werdet Ihr Männer einer Frau, die mehr unter der Welt leidet als Ihr, ein Freund sein können, Ihr den Weg zeigen können. Denn wisst, die wahre Frau sucht im Manne mehr den Freund als den Geliebten. Dann werdet Ihr auch wissen, dass es mit dem menschlichen Willen, dessen Ausbildung heute so sehr angepriesen wird, nicht weit her sein kann. Auf den ewigen Willen (Allmacht) kommt es an. Der ewige Wille ist die Weisheit, und die Weisheit, ich glaube, die sucht Ihr sehr. Aber, meine Freunde, nehmt die Erde nicht als Jammertal, was sie Euch bietet, dient Euerer Vollendung. Ihr sollt frei werden, selbst Götter, Weise, Meister. Darum dürft Ihr wohl selbst erproben, was Euch dienlich ist. Hört nicht auf fremde Zungen, meidet die vielen kleinen Propheten, denen es nicht um das Ewige geht. Was nützen Euch alle Vereine, Gesellschaften, Bücher und Lehrer, denen Ihr Wort für Wort nur glaubt. Die Wahrheit ist sehr klein und deshalb schwer zu finden. Sie ist auch wie ein großes Meer, tief und nur in der großen Sonne funkelnd und nicht wie ein Stein aus Glas, der im geborgten Licht jeder kleinen Lampe glitzert. So sucht selbst nach der Weisheit, der großen, tiefen, ewigen. In ein paar Worten, in der schmalen Lehre von der Weltvollendung findet Ihr sie. Diese Worte aber, wenn Ihr sie wirklich lebt, werden zu einem blitzenden Schwert der Gerechtigkeit, scharf und schmal und echt. Denn da ist noch ein echtes Wort, dessen unsere Zeit bedarf, das heißt Gerechtigkeit. Von einem wahren Freunde verlangt Ihr, dass er offen zu Euch sei. So sollt Ihr angehenden Freunde aller Welt, Ihr Erlösten, Ihr Weisen, offen zu aller Welt, gerecht zu aller Welt sein. Seid nicht allzu zaghaft und stumm, seid nicht allzu vorsichtig und schwankend. Besser ein freundschaftliches „Nein", als ein fortwährendes „Ja, ja". Gerechtigkeit heißt somit Wohl-unter-scheiden-lernen, heißt Lügen aufdecken, heißt bekennen, mutig sein immerdar, heißt Nichtwissen-beseitigen. Gerecht aber bin ich selbst zu Euch, denn ich selbst sage Euch offen: Ich habe die Wahrheit erkannt, die letzte, kleine, einfache Wahrheit, deshalb fühle ich mich als ein Ganzes, ein Erwachter, ein Vollendeter, ein Buddha, deshalb verkünde ich auch diese Lehre. So rufe ich Euch zu, geht meinen Weg, den letzten, einfachen, ewigen und lasst alles andere. Das nun ist schwer, aber es ist notwendig. Wer es noch nicht vermag, der gehe ruhig seinen Pfad, den anderen, zu Ende. Die Einsamen in der Welt jedoch, die alten Geister und Seelen, die Reifen und die, die unermüdlich nach der ewigen Wahrheit suchen, die werden sofort wissen, dass meine Lehre ein Weg ist, nach dem sie ihr ganzes Leben gesucht haben. Sie leben die Wahrheit, Freundschaft zu aller Welt zu hegen. Ein starkes, bewusstes, eingeordnetes Wohlwollen durchströmt sie, eine wahre Weisheit, eine königliche Kunst, zu leben, eine edle Güte, zu lehren. Wie die ganze Erde ringsumher von Luft umspült ist, die wir atmen, wo wir auch leben, so sind auch alle meine Lehren durchflutet von dem einen Bewusstsein des Wohlwollens gegen alles, was ist und nur der kann sie verstehen, der diese Luft des Wohlwollens mit mir atmet. Dies ist der wahre Sinn der Vollendung der Liebe.

TRIOSOPHIE

Die neue Geheimwissenschaft und Weltanschauung von den drei Urwurzeln des Seins.

ERSTER TEIL:
VOM ANTLITZ DER WELT

1. ZEITLICHES UND EWIGES WESEN DER WELT.

Ewig atmet das All. Ruhelos wandert die Welt. Nimmer war ihr Anfang, nimmer wird ihr Ende sein. Kreislauf ist ihr Schicksal, ewige Wiedergeburt ihr Inhalt. Aber das will der Mensch nicht bedenken. Er sieht nur das Gesetz von Anfang und Ende und schafft danach seinen Gott, vielleicht auch seine Götter und Götzen. Zu hart packt ihn die Tatze der Tatsache, dass alles einmal ein Ende hat. Sein Steuer aber stelle er doch auf Ewigkeit ein, der leuchtenden Unendlichkeit, der ewigen Endung, Vollendung, wende er es zu. Was der Mensch denkt, hat immer einen Anfang, immer ein Ende; darum ist das Denken des Menschen immer am Anfang oder am Ende. Wer aber ohne Anfang und Ende denkt, wer den Kreislauf schaut, wer die Wiedergeburt will, der erkennt die Welt und der Welt Gesetz.

Was errieten und verteidigten vergangene Jahrtausende? Alle Erscheinungen innerhalb der greifbaren, fühlbaren und erkennbaren Reiche der Dinge ordnen sich deutlich immer wieder in zwei Gruppen durch die Tatsache des Gegensatzes – elektrisch-magnetisch. Wir unterscheiden ohne weiteres zwei grundsätzlich von gleicher Beschaffenheit existierende Dinge durch die Natur ihres Gegenteils. Tag schafft Nacht, wie Licht Finsternis, Stolz gibt die Möglichkeit der Demut, Trauer die der Freude; dem Welken folgt Blühen, der Zerstörung der Aufbau, dem Untergang der Aufstieg. Der Gegensatz an sich lässt sich nicht auflösen. Er zählt zu den Grundbestandteilen der Erfahrung. Die Bedeutung der Gegensätzlichkeit in den Welt-Erscheinungen ließ Philosophie und Naturbeschreibung ein System begründen, das behauptet, am sogenannten Anfang der Welt bestehe eine unaufhebbare Zweiheit. Dieser Dualismus beherrscht bis heute die Erkenntnis, gleichviel in welcher Einkleidung. Die Erfahrung allerdings lehrt uns ja auch immer wieder, dass sich Dinge in Gegensätzen begreifen und dass das Eine erst durch das Andere seinen Sinn erhält.

Dennoch müssen wir, zutiefst gedacht, zugeben, dass ein Gegensatz vorerst nur im Gefühl, in der Empfindung des Menschen existiert. Menschen aber an sich denken nicht ewig, denken nicht in der großen Gesetzlichkeit der Welt, denken so, wie es ihre Menschengefühle wollen, zeitlich, im Schema von Anfang und Ende. So liegt hier das große Geheimnis; hier ist der Schlüssel der Wahrheit in die Ewigkeit versunken; hier müssen wir nach den Schätzen der Erkenntnis tauchen. Wohl ordnet sich Weltwerden und Mensch-sein nach dem Gesetz der Zweiheit, nach dem Gesetz des Gegensatzes; das innere Wesen der Welt jedoch, das was ewig in ihr ist, das was immer ist, gehorcht einem anderen Gebot. Wahre Erkenntnis darf also nie nach der Zweiheit der Dinge fragen, sie darf nicht den Tag neben die Nacht, nicht den Anfang neben den Untergang stellen, sie muss den „Ewigen Aufriss" finden, das große Geheimnis vom Bau der Welt.

Ewig atmet das All. Ruhelos wandert die Welt. Nimmer war ihr Anfang, nimmer wird ihr Ende sein. Kreislauf ist ihr Schicksal, ewige Wiedergeburt ihr Inhalt. Über allen Gesetzen ruht der Kreis, das Gleichnis der Gleichnisse. Sein Umfang, das ist die Erscheinungswelt, sein Durchmesser, das ist des Menschen Weg, sein Mittelpunkt, das ist das Geheimnis vom Weltbau. Wer den Kreis so begreift, hat die Welt begriffen.

2. MENSCHLICHE WELTANSCHAUUNGEN.

Das philosophische Empfinden der verschiedensten Völker des Erdostens, Südens und Westens, selbst das der überreif organisierten alten Chinesen, Perser, Semiten und nicht zuletzt das der Europäer des angehenden zweiten Jahrtausends unserer Zeitrechnung ließ sich durch die in Umwelt und Gefühl riesenhaft kämpfenden, schönen und mächtigen Gegensätze von Gut und Böse, Ich und Menschheit, Sollen und Wollen verleiten, überhaupt nur zwei Welturwurzeln anzunehmen. Das chinesische Urgemälde von Yang (Wärme, Licht, Himmel, Elektrizität) und Yin (Kälte, Dunkelheit, Erde, Magnetismus), der parsische Duotheismus von Ormuzd und Ahriman, so primitiv sie im Augenblick erscheinen, beide sind um nichts Minderwertigeres, als der Dualismus unserer mittelalterlichen Philosophie, als die ausgedehnte und denkende Substanz Descartes, als die Gott und Satan-Theologie der christlichen Kirchen, oder die moderne Kontrastsetzung der Naturphilosophen von Physischem und Psychischem, als endlich das Weltspiel zwischen Dionysischem (Urtrunkenem) und Apollinischem (Urgestaltendem), das Nietzsche sah.

Wie so selten tauchte in den Seelen weltverbundener Denker jenes System auf, das man Trigonalismus nennen könnte. Wenn man auch nicht umgehen konnte, dass der Welturgrund ein Dreifaches war, so erschien es den meisten wohl zu gewagt, sich auch denkerisch mit allen Dingen aus diesem dreifachen Welturgrund abzuleiten. Nur die höchste indische Philosophie sah in der Trimurti (Brahma, Shiva, Vishnu) richtig den wahren Weltursprung. Nicht minder natürlich die urchristliche Erkenntnis, die, wie wir ja alle wissen, die herrliche Dreiheit von Vater, Sohn und Heiligem Geist schuf. Die notwendigen Folgen aus dieser Dreiheit hat die gesamte Philosophie der letzten zwei Jahrtausende nicht gezogen; mit einer Ausnahme, die aber nicht ins Ewige vordrang, sondern in der materiellen Ordnung stecken blieb: Hegel.

Es gibt keinen Dualismus. Immer besteht noch, eine dritte, die Gegensätze auslöschende Macht. Es gibt aber auch keinen Monismus. Diejenigen Anschauungen, die alle Welt aus Materie (Stoff), wie der Materialismus (Haeckel), entstanden wähnen und denen Gefühl und Bewusstsein nur materielle, vergängliche Erscheinungen sind, gehen genau so fehl; wie diejenigen, die alles aus dem Geist oder aus Geistprinzipien (Vorstellung, Wille, Nichts), wie die indische Philosophie, Schopenhauer, Anthroposophie zurückführen. Weder nur aus Geistfunktionen oder nur aus Stoffveränderungen oder schließlich nur aus Gefühlsphantasmen, wie verschiedene Mystiker die Welt entstanden empfinden, sondern aus allen dreien, grundsätzlich geschiedenen Weltwerten entsteht das, was wir erkennen wollen.

3. VOM WAHREN BAU DER WELT.

Die Notwendigkeit der Wirkung und Gegenwirkung baut eine Dimension von Dingen, die, wenn ihre absolute Gestalt auch oft durch Zeit, Geschwindigkeit, Stoffverlust oder Zuwachs verwischt wird, doch existieren muss als die Welt des Werdens. Diese Dimension der unabänderlichen Zweckmäßigkeit, uns allen geläufig, vertraut in dem vorerst unerkannten Getriebe von Wind, Wetter, Erde, Flamme, Wasser, Zersetzung und Wachstum, Krankheit und Gesundung, Sterben und Geburt, sie ist die erste Bedingung unseres Daseins, sie ist, von außen betrachtet, die eigentliche Welt. Zwischen Oben und Unten, Rechts und Links, Außen nach Ihnen hat sich aber das seltsame Drama der körperlichen Dinge mit uns Menschen selbst verwoben. Auch wir unterliegen diesem unerbittlich rätselhaften Machtspruch des Körperschicksals, im Raume der Welt dasselbe zu sein, wie ein Ding aus Stein, wie eine Wolke aus Dunst, wie ein Windzug aus Luft, wie ein Gebilde, gemischt aus Erde, Wasser und Wärme. Wir *werden* dahin, scheinend nichts anderes als toter Spielball einem tyrannischen Weltriesen, der uns schlägt, liebkost oder unbeachtet lässt, je nach seinen unverständlichen Launen.

Aber wir verzagen doch so selten. Warum? Weil wir uns abzuwenden wissen von der für uns endlos verketteten Zweckmäßigkeit der äußeren Welt und ausruhen in uns selbst, in der Heimat unserer Gefühle. Wo wir draußen allüberall nur ein stummes, ungewisses Werden entdecken, in uns, in der Tiefe des Erlebens, da fühlen wir (uns) immer und immer wieder geborgen: Wir sind. Zwar bleibt uns der Sinn dieses Seins ebenso dunkel und endlos verwirrt, wie jenes unablässige Dahinwerden der Körperwelt, aber die hemmungslose Befreiung, die Zuflucht vor dem Körperfatum, der erquickende Gegensatz zu dem rastlos unbeständigen Raum- und Körperschicksal, ist uns durch die innere Gefühlswelt des Seins in einer zweiten Dimension gegeben.

Bleiben wir Menschen nun Wogenabbilder jenes Schwankens zwischen Werden und Sein, zwischen Raum und Gefühl? Eilen wir durch unser Leben nur immer zwischen den Gegensätzen hin und her, ängstlich wie eine Maus, die bis zu ihrem Tode von einem Loch sich in das andere flüchtet? Nein! Noch eine dritte Welt dürfen wir betreten neben der des Raumes und der Empfindung, die dritte Welt des wahren Daseins, die Ebene der Gedanken, des Geistes, des Bewusstseins. Urverschieden von den Merkmalen der Zweckmäßigkeitserfahrung und der Daseinsgefühle gipfelt die Erscheinung eines Gedankens in der Durchleuchtung jenes Getriebes von Gesetzen des Stoffes und der Empfindung. So entdecken wir statt der augenscheinlich beiden Weltgegensätze von Werden und Sein einen dritten Urinhalt, nämlich das Bewusstsein, das Reich der Ideen und Sinnbilder. So begreift sich der wahre Bau der Welt in den drei Seinsebenen:

Werden, Sein und Bewusstsein.

Diese drei menschlich gesehenen Ebenen aber sind gleichnishaft allüberall im selben Aufbau wiederzufinden. Vom Stoff sagen wir, er sei. 1., fest, 2. flüssig, 3. gasförmig, von der Zeit, sie sei vergangen, gegenwärtig, zukünftig. Drei Verstandesfunktionen eliminierten wir, Begriffs-, Urteils- und Schlussbildung. Dreifarbig malt sich irdisches Licht – rot, gelb, blau. Da sind Mann, Frau und Kind, Land, Meer und Himmel, positive, negative und neutrale Elektrizität, Anziehungs-, Flieh- und Beharrungskraft. Da ist

Thesis, Antithesis und Synthesis. Da ist Fühlen, Wollen und Denken. Diese Dreiheiten ließen sich beliebig verlängern. Die Ureigenarten aber erkannte ich in der Urgestalt und konnte sie nicht anders benennen als das Weltaktive, das Weltpassive, das Weltharmonische. Dass diese Drei etwas von sich Urverschiedenes darstellen, obgleich sie untereinander voneinander abhängig sind, hat die Physik mir wunderbar bewiesen. Aus drei Urzuständen erbaut sich das Werdende, aus Stoff, Kraft und Äther. Das urstoffliche Proton im Atom hat absolut nichts mit den Elektronen, den kleinsten Elektrizitätsteilchen zu tun. Elektronen reagieren masselos, stofflos. Die Ätherquanten wiederum, Bauteile des Uräthers, werden weder von den Protonen noch Elektronen abgelenkt, noch umgestaltet. Der früher nicht bekannte Weltäther wurde zur ganz neuen Weltkomponente neben Stoff und Kraft. Er harmonisiert die Letzteren, er verbindet sie zur sinnvollen Tätigkeit.

4. DAS WELTAKTIVE.

Rings im Räume begreifen wir das Weltaktive. Es zieht an, baut auf, reißt an sich, drängt vorwärts, gebiert sich aus sich selbst immer neu. Physikalisch kennen wir das Zeichen der Positivität, gleich +. Seltsamerweise sehen wir so alle Aktivität und Addition. Noch eigenartiger erscheint es, wenn man weiß, dass die Weisen Ägyptens, Griechenlands und des ersten Christentums Gott den Vater in diesem Zeichen + verehrten, „das auf ihren Stirnen geschrieben steht". Gott Vater also ersteht als Inbegriff des Weltaktiven, dieser immer schöpferische, alles anziehende, alles schaffende, körperliche Vater der Welt. Die Sprachen nennen Gott Deus (lateinisch), Theos (griechisch), Djauspitar = Vater Djaus (indisch), Teotl (mexikanisch), Teut (ägyptisch), Tat (Göthe, Faust: „Im Anfang war die Tat"). Offenbart aber wurde mir der wahre Urname im Wortklang des TO, zu sprechen wie TAO. So aber nannte Laotse das Eine, Unnennbare, Uranfängliche. Das Weltaktive TO, sein Symbol +, sind einzige Wesenheiten, ob wir sie Gott Vater, positive Elektrizität, ob Uranfang nennen. Ägypten zeichnet sein Henkelkreuz gleich einem Buchstaben T, auf dem ein O-Kreis steht, und nennt es TAU. TO klingt wieder in Begriffen wie Dom (Haus, Djaus der Welt), im Tod, der alle Körper fällt, denn das Weltaktive ist die Welt der Körper, ob Sterne, Planeten, Gebirge, Kristalle, Wolken, Menschen, Häuser oder Moleküle, und stirbt als TO, als Kreuz am Kreuz der Materie, und jeder Körperbau trägt als Bauplan das

Kreuz (4 Elemente) in sich. Alles Weltaktive erscheint uns darum männlich, aktiv, angreifend, tobend, töricht und tot, denn so wechselt alles auf der Ebene des Werdens.

5. DAS WELTPASSIVE.

Das Weltpassive aber lebt. Wie in der Physik ist sein Symbol −. Lebenserscheinungen werden begriffen als Schwingungen, Wellen, als Negatives und Passives. Darum nennen wir Elektrizität und Magnetismus negativ in ihren Elektronen, stofflos, denn Leben ist Kraft. Wie ein Spiegel aber, wie eine Ebene erscheinen die Kraftfelder, wie ein Wasserspiegel, ein Flächenstrich, der in Wellenbewegung versetzt wird. Das Leben fließt, die Elektrizität fließt, das Negative fließt dahin, es vermindert sich. Die größte weltpassive Kraft nennen wir Liebe. Passiv erscheint sie, denn sie duldet. Den Urnamen nannten die Inder OM (das AUM) und tatsächlich drückt ihnen OM das Brausende, den Urstrom, die Urkraft, den Urton, der durch alle Körper fließt, aus. Ein passives Volk waren die Inder. Darum konnten sie eher OM erkennen und verehren, als TO. Die Liebe, das Leben, das Passive geht in die Tiefe. Nur TO ist tot. OM ist Wiederauferstehung im Sein. Wir müssen uns von der Welt des TO abziehen (subtrahieren −), um OM zu finden. Darum ist Gott der Sohn die Liebe und das Leben. Neben dem Werden liegt die Seinsebene. Der Minusstrich ist Symbol der Ebene und erstarrten Welle. Ägypten nennt den Urlebensstrom Kn-Um, die Griechen On = das Sein, die Rosenkreuzer den unsichtbaren Gott IHM. Alles aber ist Liebe = Amo, Lebenswasser im Weltstrom des OM.

6. DAS WELTHARMONISCHE.

Die dritte, gewaltigste Weltkraft entbehrt des bekannten Zeichens. Ich nenne sie mediativ im Symbol des ∆. Diese dritte Kraft muss der Welt philosophisch noch verkündet werden. Der Äther, die Neutralität, das Lichte, die Zahl, das Symbol, das Gesetz, die Harmonie, alles müssen wir mediativ, d. h. vermittelnd, eine Dreiheit nennen. Jenseits von Tod und Leben wohnt hier einzige Harmonie. Die Harmonie, das Gesetz, die Ordnung, die Zahl, das Licht treibt die Welt, nicht Liebe, nicht Stoff. Darum ruht alle Zukunft auf der Erkenntnis der Weltgesetze, auf der Harmonie zwischen Gott und Mensch, darum ist die Sonne das Herrlichste, das Licht die wahre Gottheit, das Dreieck das heilige Symbol, die

Triosophie die wahre Philosophie.

7. DER UNOFFENBARE NAME.

Die drei Urprinzipien der Welt verwirken sich weiter ineinander in der an sich unaussprechlichen Gottheit, die über allem thront. Ihr heiliges, großes Wort, das ist IAO. In ihr verehren wir die reine Kreisfigur, den Kreisrührmichnichtan des Mittelalters. In der Zahl 3 liegen 1 und 2 verborgen. 1 aber spiegelt sich in I, A in 2, O in 3. Darum ist der Mittelpunkt der Welt, von dem aus die Gottheit den Zirkel schlägt, das I. Die römische Sprache setzt I tatsächlich für i. Das I, sein Punkt (kein anderer Buchstabe hat einen Punkt) entspringt dem Mittelpunkt. Weltharmonische Worte tragen meist den i-Laut: Mitte, Sinn, in, Zirkel, Licht, Ding, Himmel, nichts. A symbolisiert den Schenkel, die Zweiheit, das Teilende, Spaltende, Negativ-Offene. O aber erscheint im Kreissymbol selbst. Die unaussprechliche Gottheit IAO aber zeigt sich nie als reiner Kreis der Welt. Darum wird aus der unoffenbaren 3 die offenbare 1 des Weltaktiven, des Vaters, des TAO. Das Kreuz muss sich mit dem Kreis vermählen, um uns offenbar zu werden. Wunderbarerweise aber verehren viele Geheimlehren den Gott Vater, wenn er sich einzig zeigt, im Symbol eines Kreuzes im Kreise. Wenn wir also den göttlichen Anfang suchen, so ist nicht der Laut i allein die 1, sondern diese bildet als Zahl für sich in der offenbaren Welt die Zahl der Materie, des Körpers, des Kreuzes, des Anfangs. Wie aber 1+2 zur 3 wird, so wird im Weltprozess aus TAO und AUM das heiligste, sichtbarste Wort, das in der Welt zu finden ist, der Gott TAUM. So wie China, das aktive, schöpferische Land der Erde, das TAO der Schöpfung verehrte und Indien, das passive, in sich meditierende Land, das AUM des Welttones, so muss Europa endlich dazu finden, das Höchste zu erkennen, zu verehren, was es gibt, das Licht, die Weltharmonie, den Kreis, die Dreiheit, den weisen, ewig jungen, lichtleuchtenden, zweigeschlechtlichen Urgott TAUM. Darum tritt die Triosophie für die Philosophie dieser Mächte ein. Bis jetzt ist TAUM wenig bekannt und verehrt. Nur in einer Geheimlehre fand ich das Urengelswort und auch hier noch nicht in der höchsten Bedeutung, bei den Manichäern. Dem persischen Propheten Mani ist Al-Taum erschienen und hat ihn gesalbt und eingeweiht. Gebe die Weisheit des Höchsten, das sein offenbarer, heiliger Name TAUM bald durch ganz Europa erklingt, dass Licht, Harmonie und Ordnung allüberall von seiner Glorie künden, denn er ist wahrhaft der

Atum der Ägypter, der Adam K. der Kabbala, der große Atem der alten Inder, das göttlich verehrte Atom der modernen Physik und dennoch mehr im einfachen, großen, schöpferischen Wort TAUM.

8. DIE WAHRE LEHRE VON DEN REINKARNATIONEN.

Allen Bewusstseinswurzeln keimt im Namen: Ich. Das Ich ist der Lichtkörper der Menschenerscheinung, der nicht stirbt. Wer sich als Ich empfindet, setzt sich als seiend. Neuzeitliche Philosophen und auch die Triosophie leiten daraus 3 Stadien des Bewusstseins ab: 1. das Unterbewusstsein, der Zustand, in dem ein Wesen sein Ich nur empfindet, noch nicht erkennt, 2. das Bewusstsein, der Zustand der Selbsterkenntnis im Ich-bin, 3. das Über- oder Weltbewusstsein, in dem wir uns als Bruder jedes Dinges erkennen, mit der Welt verwandt und dennoch einzelseiend. Das Weltbewusstsein ist wahrhaft göttlich. Seine Formel heißt: Ich bin Du. Dies ist ein Satz, in dem alle Symbolik und Magie verborgen liegt. Ich bin heißt schon in der Bibel der Jehova, Jesus Christus selbst ist der große, ganz bewusste Menschensohn im Ich-bin. Indien kennt diesen Vorgang im Geheimnis des Aham = Ich bin. Die triosophische Geheimlehre findet in der weisesten Geheimsprache der Zukunft dieses europäische Wort des Weltbewusstseins als „I am you" des Englischen. Das aber ist auch das Wort Hamju, der Schlüssel zu jeder modernen Theologie, Philosophie und Religion. Ham ist das Ich-bin des Menschen. Ju ist der Logos des Du, des Weltbewusstseins im Symbol des Jupiter, des Vaters des Ju-Geheimnisses. Wunderbarerweise nennt Plotinus in den „Eneaden" den Sohn Gottes, den Logos, mit Namen Jupiter. Das Ham Ju-Bewusstsein aber muss sich durch seine 3 Stadien entwickeln. Da es schon als Unterbewusstsein in den Pflanzen vorhanden ist, so können wir Menschen nur durch viele tausend Inkarnationen in Pflanzen-, Tier- und Menschenkörpern den Gott in uns entfalten. Die Wiederverkörperungslehre ist eine philosophische Notwendigkeit. Wie aber das Unterbewusstsein sich eine spezielle geschlossene Lebensform schuf in den Pflanzen, das Bewusstsein sein Reich in Tieren und bis zum vollen Erwachen in den Menschen, so muss auch das Überbewusstsein ein besonderes Naturreich für sich hervorgebracht haben, dass von den Menschen so verschieden ist, wie diese von den Pflanzen. Wir nennen es das Reich der Geister. Dieses Geisterreich kann nicht geleugnet werden, im Gegenteil, es zeigt erst die wunderbare Ordnung der Welt in ihrer Vollkommenheit. Fehl ist aber, zu meinen, dass unsere späteren Existenzen als Geistwesen, in denen wir unser Geistbewusstsein entfalten, münden müssen im Nichts, im früher sogenannten absoluten Einen. Triosophie ist keine Philosophie der Ruhe. Sie betont im Gegenteil, dass alles in der Welt unablässig, ewig kreist, dass selbst die letzten Dinge immer wieder ihren Kreislauf beginnen. Nicht auszulöschen ist die Flamme des Geistes, da der Lichtleib (der Ka, der Augoeides, das Ego, das unsterbliche Ich) ewig ist, kann er nicht, wenn er weltbewusst geworden ist, für die Ewigkeit im Nichts vergehen. Er vermag wieder ins Unterbewusste hinabzutauchen, in den Schlaf der Körperwelten zu versinken, er wird den Kreislauf wieder beginnen. Dies ist die Grundanschauung der Triosophie. Schmerzlich wird dies manchem idealistisch denkenden Kopf sein. Ich weiß, dass menschliches Hoffen Jahrtausende lang einen Dualismus und schließlich Monismus nötig hatte, denn bitter ist es auf Erden, immer zwischen Fleisch und Geist, Glück und Zweifel schwanken zu müssen. Wer aber mit der Welt denken gelernt hat, der wird auch den ewigen Kreislauf bejahen, der versteht den Sinn der Wiederkehr aller Dinge.

Die Geschichte der Philosophie beweist variabel eine Überbetonung des subjektiven oder objektiven Faktors. Descartes Satz: Ich denke, also bin ich, lautet jetzt: Wie ich denke, so bin ich; zum Sein und Denken kommt das Dritte, der ewige Ursinn des Menschen. Der Zweifel am Sein ist geschwunden. Wahrheit, das ist nicht mehr eine Übereinstimmung des Denkens mit einer irgendwie zu erreichenden Gegebenheit, sondern sie ist Funktion, Wechselbezug: Eines so beschaffenen Subjekts zu einer durch dieses gestalteten Wirklichkeit. Die Triosophie bezieht das gesamte Weltgesicht ein in die Struktur der ewigen Normen. Dadurch erschöpft sie die Welt und deutet sie. Notwendig aber ist, Lebensgefühl und eigenen Sinn weltharmonisch zum Trigon zu schließen, denn sonst ist alles Denken nur ein zielloses Grübeln und keine unbedingte Weltvollendung gebende Erscheinung.

ZWEITER TEIL:

DAS GEFÜGE DER WELT
1. DIE NEUNORDNUNG.

Die drei Urinhalte des Weltaktiven, des Weltpassiven und Weltharmonischen leuchten naturgemäß in einem ganz bestimmten Gefüge dem Menschengeiste auf. Die Urdreiheit, da sie durch die Dreiheit lebendig, wirksam und schöpferisch ist, gebiert eine sogenannte zweite Weltdimension, eine Neunheit von sich offenbarenden Kräften. Dies sind die 9 Urzahlen, 9 Urworte, 9 Ursymbole, aus denen all und jedes Ding, jede Form, jede Gestalt, jede Idee, die je existierte, gewoben ist und wird. Die Urdreiheit erscheint uns Menschen der dritten geistigen Denkdimension in 27 Urbegriffen und in ihnen ist alles beschlossen. Wir Menschen begreifen sie (zwar) in drei neunfachen Ordnungen nebeneinander. Deshalb ist die Neunheit das erste und letzte, einfachste und doch vollkommenste Denksystem, das wir je aufzubauen vermögen. Die 9 ist die Schlüsselzahl jeglicher Weltordnung. Nicht die 7, die geschichtlich hoch gefeierte Zahl erschließt die Weltharmonie, dies kann nur der lebendigste, allseitigste Aspekt der Urdreiheit vermitteln, die 9. Diese Ordnungszahl und ihre Philosophie zu entdecken, blieb unserem Jahrhundert vorbehalten. Frühere Kulturen hatten andere Zahlen, um die sich alles drehte. Das vollkommene System der 9 einzuordnen, gelang keiner, da die Zeit nicht reif war. Nur die germanische Tendenz in der arischen Rasse erkannte dunkel die 9 (siehe Edda), so wie die Semiten die 7, die Schwarzen die 4, China die 5, Babylonien die 6. Die moderne Wissenschaft beweist uns tatsächlich, dass wir uns von einer Kultur der 7er-Ordnung zu einer der 9 fortentwickeln. Nicht 7 Planeten, 7 Farben. 7 Töne, sondern 9 homogene Inhalte dieser Dinge vermochten wir in der Gegenwart zu finden.
Ich war in der Lage, durch diese Erkenntnis der Neun-Ordnung in der Welt, ein philosophisches, einfachstes Ordnungssystem zu begründen, das mir in der herrlichsten Art und Weise die Welträtsel enthüllte, dass ich die schlichtesten Wahrheiten des Weltbaues so tief und weisheitsvoll wiederfand, wie nur in den Geheimlehren der älteren Ordensbruderschaften und Mystiker. Ich habe die Welt durchforscht und ihre Neunheiten, soweit sie wichtig waren, im sogenannten „Trialogon" festgehalten und so den kommenden Philosophen eine Handhabe gegeben, alles in der Welt neu geordnet, auch neu und weisheitsvoller zu verstehen. Die alten Philosophen

haben recht, wenn sie zwischen Zahl, Planet, Farbe, Symbol, Element und Mensch eine geheimnisvolle Verbindung wähnten, denn, wenn alle Dinge 9 gleichartige Aufbauteile haben, so besagt die Verwandtschaft untereinander nur, dass sie sich gleich sind, wenn sie sich im gleichen Stadium der Neunheit befinden. So hat die Zahl 5 mit der roten Farbe, der Planet Venus mit den Blumen eine gleichartige Verwandtschaft, weil beide im 5. Stadium ihrer Spezialgebiete verweilen. Deshalb muss die ganze Lebenswelt nach dem Ursymbol des Quadrates gebaut sein, weil das Leben das vierte Urwort ist und das Quadrat das vierte Symbol der Form. Leben aber ist körperlich in den Gesetzen des Kubus.

Des Menschen Begriffswelt kennt sogenannte Urworte, die immer ewige Rätsel geblieben sind, weil sie etwas Urhaftes in sich tragen und nicht weiter erklärt und geteilt werden können. Sie heißen in ihrer Neun-Gliederung: Stoff, Kraft, Äther, Leben, Seele, Gedanke, Schicksal, Liebe, Gottheit, und zwar in der deutschen Sprache. Andere Völker und Zeiten gaben ihnen andere Namen. Sie tragen jedoch eine Lautformel, die ihrem Wesen nach mit allen Zeichen des menschlichen Alphabets übereinstimmen muss. Diese wahrhaften Urworte, wie wir sie aus dem noch folgenden Trialogon ersehen können, sind die geheimnisvollen Namen der Urgötter der Welt, der 9 Weltmütter der Germanen, der 9 Pautis der Ägypter. Ihre Systematik ergibt uns den wahrhaften Zahlenwert aller Buchstaben, denn die Zahl des Urgottes stimmt mit seinem Namen überein. Darum ist a = 1, b = 300, d = 200, e = 4, f = 60, g = 80, h = 900, ie,j = 500, k = 700, l = 20, m = 90, n = 10, o = 2, p = 100, r = 30, s = 400, t = 40, u = 5, w = 800, z (ss) = 50, ch = 600, sch = 70, i.= 9, oa = 3, ü = 6, ai = 7, eu = 8. Die Philosophie dieser Zahlenmystik wird bei tieferem Nachdenken jedem einleuchten. Wie wunderbar sie aber anzuwenden ist, zeigt folgendes Beispiel: Nach dem Zahlenalphabet ist die Zahl für Jesus = 1309 und die Zahl für Christus = 1975. Die Differenz dieser beiden Zahlen ergibt 666. Der tiefer Blickende wird sofort wissen, was für ein gewaltiger Ausblick hierin ruht. Was aus Jesus den Christus machte, liegt in 666. Das aber ist die geheimnisvollste Zahl der ganzen Bibel, tatsächlich in der Offenbarung Johannis die Zahl des Menschensohnes, die Zahl des Logos, des Wortes Gottes, aber auch die Zahl des Tieres. Wenn wir nun im Trialogon nachsehen, so müssen wir feststellen, dass in der Tat hier der Bezirk des Tieres und auch des Menschen ist, dass hier der Planet Jupiter steht, der allgemein der Sohn Gottes ist, der Genius aller Religionsführer. Spiegeln wir aber die Zahl 999, die Zahl der Gottheit, nach unten, drehen wir sie herum, so erscheint 666,

d. h. die Gottheit gibt sich in Jupiter dem Logos, in Jesus Christus der tierischen Menschheit zur Erlösung. Derartige wunderbare Symbolik können wir aus den Zahlen und Buchstaben-Ordnungen des Trialogons ableiten.

Es folgt nun das Trialogon, das geheim wissenschaftliche Denksystem der Zukunft. Alles ruht in ihm beschlossen. Jedes Welträtsel löst es. Ich bespreche die einzelnen Urgebiete und zeige, welche harmonische Verwandtschaft zwischen den Neunheiten vorhanden ist. Jeder sollte daraus ein neues harmonisches Denken lernen, denn wer in logischer, systematischer Ordnung das Trialogon erlebte, der hat den Schlüssel zu allen Geheimlehren, Religionen und Philosophien in der Hand. Dazu gehört allerdings eine vollkommene Hingabe an die Triosophie, die nicht in dickleibigen Bänden zu erwühlen ist, sondern aus der einfachen Klarheit des Trialogons erschaut werden muss. Dann kann der Triosoph denken in jeder Art, symbolisch, philosophisch und religiös. Er kann heilen und helfen, Magie treiben und eine neue triosophische Chemie, Physik, Kosmologie und Biologie aufbauen, er kann die Bibel und das Taotehking, den Parsival, die Rosenkreuzer und die Theosophen verstehen, nur aus dem kleinen System des Trialogons.

DAS TRIALOGON

Urwort	Urname	Ursymbol	Tierkreis	Planet	Natureiche
1 Stoff	Pan	Punkt	Schütze	Mars	Urstoffe
2 Kraft	Dol	Halbkreis	Skorpion	Erde-Mond	Elektronen
3 Äther	Boar	Dreieck	Wage-.Jungfr.	Merkur	Strahlen .
4 Leben	Set	Quadrat	Löwe	Saturn	Kristalle
5 Seele	Juss	Pentagr.	Krebs	Venus	Pflanzen
6 Denken	Ghyf	Hexagr.	Zwill.-Stier	Jupiter	Tiere-Menschen
7 K arm n.	Kaish	Henkelkr.	Widder	Uranus	Baugeister
8 Liebe	Weug	Hakenkr.	Fische	Neptun	Schutzgeister
9 Gottheit	Him	Kreis	Wasserm.-Steinb.	Sonne	Urgeister

Zustand	Farbe	Form	Geistkraft	Organe	Körperteile
1 Urfeurig	Gelb	Punkt	Das Ruhende	Zeugung	Füße
2 Elektrisch	Orange	Fläche	Das Vertief.	Gcbärteile	Arme
3 Strahlend	Weiß	Raum	Das Besitz.	Leber	Inn. Zeugung
4 Kristall	Schwarz	Körper	Das Begehr.	Galle	Äuß. Zeugung
5 Flüssig	Rot	Zeit	Das Hingeb.	Herz	Magen
6 Kolloidal	Blau	Begriff	Das Richtende	Lunge	Brust
7 Dunsthaft	Grün	Gesetz	Das Verwirkl.	Milz	Rücken
8 Windhaft	Violett	Wort	Das Vermitt.	Kehlkopf	Kehle
9 Gashaft	Ultraviol.	Idee	Das Schaffende	Gehirn	Kopf

Bewusstsein	Sinne	Gefühle	Pläne nach Dr. Hartmann	Erdreich	Edelsteine
1 Schlafbew.	Gefühl	Neid	(Feuerplan)	Vulkane	Topas
2 Tatbewusst.	Muskel	Furcht	(Wasserpl.)	Ebenen	Opal
3 Raumbewus.	Gleichgew.	Zufriedh.	Phys. Plan	Gebirge	Zirkon
4 Seinsbew.	Temperatur	Hass	Ätherplan	Gletsch.	Diamant
5 Zeitbewusst.	Geschmack	Sehnsucht	Astralplan	Ströme	Rubin
6 Gedankenbew.	Geruch	Glaube	Mentnlplan	Meere	Saphir
7 Gestaltungsb.	Ahnung	Macht	Budhi-Manas	Atmosph.	Smaragd
8 Traumbewusst.	Gehör	Güte	Budhi	Wolken	Amethyst
9 Weltbewussts.	Gesicht	Vollendg.	Atma	Stratosph.	Hyazinth

Symb. Blumen	Symb. Bäume	Symb.Tiere	Heilkräuter.	Erdteile	Metalle
1 Mistel	Eiche	Salamander	Stiefmütt.	Ostasien	Gold
2 Nelke	Weide	Schlange	Salvei	Südasien	Eisen
3 Narzisse	Bobaum	Kuh	Fieberklee	Westasien	Quecksilb.
4 Lack	Sykomore	Rabe	Rhabarber	Afrika	Blei
5 Rose	Buche	Wassertiere	Kl. Elixier	Europa	Kupfer
6 Udambara	Fruchtbäume	Pferd	Arnika	Nordamerika	Zinn
7 Lotos	Tanne	Katze	Wermut	Südamerika	Alumin.

8 Lilie	Linde	Hund	Veilch. Wurz.	Australien	Platin
9 Hyazinthe	Palme	Wildschwan	Kamille	Atlantis	Lap. Phil.

Geister				Christentum
1 Zwerge		Zwischenland	Adept. Deva	Engel
2 Wassergeist.		Lautg.-Sphäre	Logoi	Erzengel
3 Sylphen		Wiederverkörp.	Bodhisatvas	Fürstentümer
4 Teufel		Strafgeister	Manus	Gewalten
5 Elfen		Schutzgeister	Planetgött.	Kräfte
6 Faune		Luzif. Geister	Urgötter	Herrschaften
7 Dämonen		Karmageister	Tao	Throne
8 Sturmgeister		Engel	Aum	Cherubim
9 Meister		Erzengel	Taum	Seraphim

Kabbala	Indien	Persien	China	Yoga
1 Zebaot	Agni	Vohu Mann	Yang	Yama
2 Elchai	Varuna	Armati	Yin	Niyama
3 Tetra.	Vishnu	Yairiya	Erde	Asnna
4 Gibbor	Shiva	Haurvatat	Pflanze	Pranayama
5 Eloha	Indrani	Vahista	Tier	Pratyahara
6 El	Indra	Amertat	Mensch	Dharana
7 Elohim	Rudra	Sraoscha	Kwei	Dhyana
8 Jod	Ishvara	Mithra	Schen	Samadhi
9 Eheie	Brahma	Mazda AH.	Tao	Nirbija

Ägypten	German.	Hüllen	Tendenzen	Kulturform
1 Kneph	Loki	Fleischleib	positiv	Krieg
2 Knum	Odin	Kraftleib	negativ	Bodenkultur
3 Hermes	Wodan	Lichtleib	neutral	Organisat.
4 Set	Hödur	Lebhülle	männlich	Technik
5 Apis	Freya	Seelenhülle	weiblich	Kunst
6 Ammon	Thor	Denkhülle	Intellekt.	Philosophie
7 Osiris	Heimdall	Unterbew.	aktiv	Magie
8 Isis	Sif	Bewusstsein	passiv	Religion
9 Horus	Baldur	Weltbew.	mediativ	Mystik

Runen	Rassen	Sigille	Führer	Schlüsselworte
1 Noth	Mongole	Phönix:	Fohi	Ti
2 Laf	Malaien	Gral	Rama	Am
3 Bar	Atlantier	Apis	Hermes	Wie oben so unten
4 Tyr	Schwarze	Sphinx	Abram	Abraham
5 Ur	Indianer	Rose	Krishna	Tat wam asi
6 Ir	Arier	Schwert	Melchis.	3,14
7 Sol	Grüne Rasse	Lotos	Buddha	Om mani padme hum

| 8 Ge | Viol. Rasse | Baphomet | Christus | Anki saeh abba |
| 9 Hegl Man | Silb. Rasse | Neumond | Ham | Ham Ju |

111 = Pan (der Urstoff). Am Anfang ersteht in der Sphäre des Urfeuers der Stoff. Stoff ist modern wissenschaftlich positive Elektrizität im Proton. Dies ist eine Urkugel, ein Urpunkt. Aller Stoff leuchtet, denn an ihm brandet der Äther empor, das leuchtende Element. Darum nennen wir den Stoff feurig, weil er leuchtet. Dem Hellseher würden die positiv elektrischen Stoffprotonen der Materie wie ein Sternenhimmel erscheinen. Die Eigenart des Urstoffes liegt im Namen Pan, d. i. anziehend, anreihend, Anfang. Das indische Prana hat denselben Klang und dieselbe Eigenart. Der Punkt zieht andere Punkte an, um zur Linie zu werden. Der Urstoff ist positiv, weil er bindet. Die gelbe Farbe in dieser Sphäre hat hier ungeahnte Berechtigung. Wir kennen 9farbiges homogenes Licht, vom Infrarot bis zum Ultraviolett. Wir beginnen beim Rot. In Wirklichkeit ist bewiesen, dass das menschliche Auge am allerempfindlichsten für Lichtstrahlen ist, die im Spektrum genau da liegen, wo das Gelb in das Grün übergeht. Hier ist der triosophische Nullpunkt der Farbigkeit. Gelb ist die Farbe der 1, die erste Farbe. Symbolisch nach links liegen die Wellenreihen orange, rot bis zu den Wellen der Elektrizität und Telegraphie, rechts vom Grün bis zu den Röntgenstrahlen die höheren Wellengattungen. Tatsächlich aber beginnt auch in unserem Sonnensystem zwischen Jupiter und Mars die eigentliche Welt, denn hier war früher eine zweite Sonne. Sie löste sich auf. Der Mars war der erste Planet, der älteste, den die jetzige Sonne anzog. Die Wellenlänge des gelben Lichtes beginnt bei 5,5.10000 mm. Wenn eine Welle sich zu einem Wirbel schließt, verdoppelt sich 5,5 = 11. Das aber ist die triosophische Zahl für den Urstoff, für die Urkugel, für Pan. Wunderbarerweise finden wir in der Physik die positive Elektrizitätskraft des Wasserstoff-Ions (Wasserstoff ist das einfachste Element) mit 0,165 Trilliontel Coulomb. Das ist die kleinste Elektrizitätsmenge, die überhaupt vorkommt. Sie entstand aus 3 x 5,5 = 16,5 in der dreidimensionalen Form- des Stoffes. Das periodische System der Elemente in der Chemie ist nach der Dreiheit gebaut. Der Chemiker Döbereiner fand dies schon 1829. Das Gold ist der Ausgangspunkt allen Stoffes. Es ist nicht das höchste, sondern das stofflichste Metall. Die allerersten, niedrigsten Eigenschaften hängen sich daran. Am Golde hängt doch alles. Darum ist Gold und Gelb, 111 und Mars der Anfang. Mit Gold wird der Mensch zum Stoff geködert. Es erregt Neid, dessen Farbe gelb ist. Wunderbarerweise behaupten fast alle

Alchemisten, dass der Urstoff zur Veredelung der anderen Metalle direkt aus dem Gold gewonnen werden muss (Salomon Trismosin, Geber, Hermes). Im Atomsystem des Goldes ist der Metallsamen verborgen. Mit einem kleinen Prozentsatz Gold wird der „Rote Löwe" gezüchtet. Man beachte noch, dass der triosophische Tierkreis bei 30 Grad Schütze beginnt und dass hier tatsächlich uns die Sonne am fernsten erscheint. Mars aber ist im triosophischen System der erste, sonnenfernste Planet. (Durch die Triosophie werden die tiefsten Geheimnisse kund.) Die Geister des niedrigsten Jenseits erscheinen oft als Irrlichter in kleinen gelben Sternen, auf Gräbern als giftiggelbe Gespenster, als Zwerge im Erdinnern, das Gold im Urfeuer schmiedend.

222 = Dol (die Urkraft). Urgott Dol regiert die Weltkraft der Elektrizität, die etwas Negatives ist, da ihre kleinsten Teilchen elliptisch um den Atomkern kreisen. In der Dol-Sphäre herrscht Urkraft, Abstoßung, Abhängigkeit. Unsere Erde selbst und besonders ihr Kind, ihr Spiegel, ihr Elektron, der Mond, herrscht in der Nacht, mit erborgtem kaltem Lichte leuchtend. Die höchste elektrische Kraft ist der Magnetismus, besonders im Eisen strömend und nichts weiter als negative Elektrizität, wie jedes Lehrbuch uns beweist. Dols Symbol, der Halbkreis, irdisch gesehen die Schalenfigur, zeigt sich hier überall. Magnetismus fließt in Wellen, zwei Schalen gleich, oben und unten geöffnet, nebeneinander. Liegen die Schalen aufeinander, haben wir das Symbol der Ellipse, das O, das Oval. Die Geheimwissenschaft kennt dunkles Feuer, elliptische Strahlenwellen, besonders von der dunklen Seite des Mondes ausgehend, höchst wirksam beim Neumond. Zwei Tage vor Neumond steht eine ganz schmale Schale am Himmel mit einem funkelnden Kreis, dem magischen Symbol der Zukunft. Bei Neumond werden die Kraftleiber (Ätherkörper) aller Kreatur geschaffen. Weltmagnetismus fließt jetzt in die Erdformen. Die Erde selbst, sagt die Wissenschaft, ist ein riesengroßer Ball aus Eisen. Eisen ist der beste Magnet. Die zweite Sphäre beherrscht die orangene Farbe. Wir sehen aber abends tatsächlich den Mond im atmosphärischen Erddunst wundervoll orangenrot. Reines weißes Licht wird bis auf die Orange-Farbe verschluckt, weil die Erde selbst im orangenen Äther schwimmen muss. In der Physik ist die Formel für das magnetische Moment $= 1{,}64 \times (10$ hoch minus 22 Einheiten). Das Atomgewicht des Eisens, zahlensymbolisch in die dritte Dimension als magnetische Weltkraft verwandelt ist $= 168 = 56$ (Atomgewicht) $\times 3 = 164 + 2 \times 2$, noch höher in der vierten Dimension als Licht (orange hat Wellenlänge 430) $= 43 \times 4 = 172 = 168 + 2 \times 2$. Das

Sternbild Skorpion, die Schlange, wunderbares Symbol der Welle, die im Dunkeln schleicht, das böseste Zeichen des Tierkreises, das alle Erdschmerzen schafft, alle Furcht und irdischen Gefühle, ist in der Edda der Ort der irdischen Seelen. Die Furcht entsteht aus Od-(Blutmagnetismus)-mangel. Die feigen Instinkte können erst durch den furchtlosen Parsival (den König der Mondschale, des Grals) überwunden werden. Parsival ist blond. Alle Blonden, besonders die orangerot Blonden, sind höchst magnetisch, sensibel, mondbeeinflusst. Tatsächlich haben viele Rotblonde in ihren Horoskopen die Sonne im Krebs (dem Mondzeichen) stehen. Die Mondsüchtigen nehmen den Weltmagnetismus besonders auf. Sie wollen unbewusst, physikalisch und seelisch angezogen, durch die Mondkraft in die Welt hinaus. Bewusst träumt der Weltschmerz die Erdflucht, die Weltsehnsucht gern zum Mond hin, über weite Flächen, Meer und Steppen, weil hier die Fläche, der Gegensatz zum Punkt, magisch wirkt. Seltsamerweise rufen primitive Menschen, wenn sie Furcht oder Schmerz empfinden, den Vokal des Gottes Dol aus: Oh! Die Weide, ein Mondbaum, dessen elliptische Blätter kühlend und magnetisch stärkend wirken, der Opal (oval) sind magische Komponenten von 222.

333 = Boar (der Weltäther). Im Dreieck, Boars Zeichen, sehen wir nun das schönste Symbol der offenbaren Welt, des Sternenalls, des Weltraumes und Weltbaumes der Sterne. Der Raum ist Harmonie, unsere erste Heimat. Der sichtbare Äther ist unser weißes Licht. Es ist das einzige, was in unserem heutigen Weltbilde feststeht. Albert Einstein, der geniale Physiker, nimmt seine Geschwindigkeit von 300.000 km als unveränderlich in aller Welt an. Man beachte die Zahl 300, die 3. Licht in allen Farben ist weiß für die Erde, darum herrscht hier weiß. Das Baugesetz des Lichtes ist das harmonische Grundgesetz aller kosmologischen Triosophie. Ich habe dafür einen geradezu überwältigenden Beweis gefunden. Unser Sonnensystem ist genau wie das weiße Licht gebaut. Man prüfe nach: Wenn man einen Kreis mit den 6 Vollfarben des Spektrums bemalt, so dass jede Farbe den Raum einnimmt, der ihrer Ausdehnung im Spektrum entspricht, und den Kreis in Drehungen versetzt, so entsteht weiß. Das ist der Farbenkreisel der Physik. Das Verhältnis der Farben untereinander ist genau dasselbe, wie das Verhältnis der Planeten untereinander. Ich gebe die Ausdehnungsgrade für die Farben an und die Entfernungen der Millionen-Kilometer der Planeten untereinander. Man beachte, dass die Farbe des letzten Planeten stets mit der des Trialogons übereinstimmt. Dann ist: 61 (Merkur-Venus) zu 39,5 (Venus-Erde), wie 51 Grad (rot) zu 33 Grad (orange); 39,5 (Venus-Erde) zu 65 (Erde-Mars), wie 33 (orange) zu 55 Grad (gelb); 1476 (2 mal Entfernung Jupiter) zu 1387 (Saturn-Uranus), wie 68 Grad (blau) zu 67 Grad (grün); 1387 (Saturn-Uranus) zu 1715 (Uranus-Neptun), wie 67 Grad (grün) zu 86 Grad (violett). (Da Jupiter der größte Planet des Sonnensystems ist, förmlich eine zweite Sonne, so ist seine Entfernung von der Sonne 2 mal anzunehmen. Seine Farbe, die hinter dem Gelb liegt, schwingt in einer anderen Sphäre.) Dies ist ein Beweis, dass alles in der Welt eine einzige Harmonie ist und alle Dinge nach einem Gesetz gebaut sind. Alle Völker, die die Sonne, die Sterne und das Licht verehrten (die Perser, die alten Germanen, die Atlantier) hielten die Dreiheit hoch in Ehren. Sie waren die besten Sternenkenner, die genialen Begründer der harmonischen Wissenschaft der Astrologie. Früher gab es nur 9 Tierkreise. Der Bezirk der Fische verschmolz mit Wassermann und Steinbock, die Wage mit der Jungfrau. Ich weise hier auf eine neue triosophische Begründung der Astrologie hin, die im folgenden besteht. Jeder Planet hat dort sein Haus, wo er am Anfang in seiner elliptischen Bahn der Sonne am nächsten stand. Die Ätherströme der Sonne werden in der Form der höchsten Röntgenwellen von einem Wasserstoff-Schleierring, der sich hinter dem Neptun befindet, absorbiert in den 8 Abschnitten des Kreisringes, die den Himmelsrichtungen entsprechen. Dies sind die Tierkreise der Astrologie, die wiederum nach den Sternbildern genannt und gebaut sind, die sich natürlich unendlich weiter von uns befinden, aber nach der harmonischen Weltordnung der 9 gebaut sein müssen. Vom Wasserstoff-Zodiakus unseres Sonnensystems fließen die umgewandelten Sonnenkräfte zurück und werden von den einzelnen Punkten auf den Planeten empfangen. Ein sphärisches Dreieck entsteht, das Symbol Boars. Daneben wirken die Planeten, die durch die großen Entfernungen nur schmale Eigenströme durch das Weltall senden können. Jeder Punkt auf unserer Erde kann deshalb ganz spezielle Wirkungen von Planet und Tierkreis empfangen. Die Ordnung dieser Kräfte aber ist im Trialogon enthalten. Der Himmel ist nur die Uhr, die den Stand anzeigt, weil sie ganz genau nach demselben Rhythmus gebaut ist wie wir. Die Germanen kennen eine Quelle am Weltbaum der Sterne, in ihr wird alles so weiß, wie die Haut, inwendig in der Eierschale. Hier sitzen die 3 Normen. Hier wohnen weiße Raben, die Boten des geflügelten Merkur. Merkur ist aber der Planet Boars, des Boarier-Baumes. Andere Völker kennen das Symbol des Weltberges. In der indischen Schöpfungsgeschichte steht, dass, nachdem sich das Urgebirge Calaja, der Berg Meru gebildet hatte, auf seinem Gipfel das Dreieck, die Yoni erschien. Der Weltäther hat ganzzahlige Quanten, dreieckige Korpuskel, die nicht geteilt werden können. Der Vokal von 333 liegt im französischen bois = Baum, trois = 3. Der Weltraum soll nach einigen Theorien von Eis erfüllt sein. Das weist auf das kühle, weise Element hin, das im Raum der Welt, in der eisigen Kühle der höchsten Gebirge nur gedeihen kann. In der Hochgebirgsluft empfinden wir die Ätherstrahlen der Sterne, wie Kohlhörster auf der Jungfrau nachweist, am reinsten. Das Licht, das Dreieck, die Zahl 333 sind die Harmonieprämissen für den äußeren Weltbau. Der Merkur, der sonnennächste Planet, ist der Bote der Sonnengottheit, genau so wie die weißen Adler, die weißen Tauben, die weißen Raben (alle Vögel sind wie eine Ätherschwingung gebaut). Darum trägt Merkur Vogelflügel an seinen Füssen. Er sammelt das Licht der Sonne. Es erscheint durch ihn weiß. Wir empfinden das weiße Licht stets als kühl. Das deutsche Wort weist schon auf den Begriff des Eisigen, Kühlen, Welthaften hin. Licht heilt. Es nähert irdische Fieber- und Zersetzungsprozesse den ewigen Strahlen. In weißen Blumen finden wir kühlende Lichtessenzen. Die weiße Kuh Indiens, der weiße Apis-Stier, ist der Inbegriff des Weltraumes, der uns mit der weißen Milch seines Lichtes nährt. In Siam, dem Land des weißen Elefanten, wird der Zirkon gefunden, ein Edelstein, der alle Farben in sich vereint. Seine Kraft verleiht, durch den Raum zu schauen, ähnlich wie das dritte Auge des Menschen nur auf Strahlen reagiert, die über dem Weiß liegen. Alle Zeugung geschieht durch das Ei. Das Ei aber hat die Form eines Dreiecks, das in den Winkeln gerundet ist. So ist auch der Licht- oder ewige Körper des Menschen ein aurisches Ei aus Weltstrahlen. Er kann nicht anders gebaut sein, da er ewig ist, aus Licht besteht und so dem Dreieck unterworfen ist. Die im Zeichen Wage (Boar, das Gleichgewicht) Geborenen sind die Zartesten, Ätherischsten.

444 = Set (das Leben). Wenn die glühenden Stoffnebel im Weltraum erkalten, entstehen die ersten Grundlagen des Lebens, die Mineralreiche, die Kristalle. Alles Leben ist von Temperaturprozessen abhängig. Wärmewellen aber gehen vom Infrarot aus, das uns als ganz dunkelrot, als schwarz erscheint. Kristalle bilden sich durch Kälte, die nur eine andere Form der Wärme ist. Aller kristallinischen Formen Grundlage finden wir im Würfel. Das vierte Naturreich der Kristalle zeugt erstes Leben, reines Leben, Leben an sich. Die Zahl des Lebens ist 4. Ihr Symbol das Quadrat, der Würfel. Jetzt wird man auch verstehen, warum das Kind, das im Mutterleib 9 Monate bleibt, im 4. Monat zu leben beginnt. Der

Name der 4. Sphäre lautet Set. So hieß in Ägypten der zerstörende, dunkle Gott, der mit dem Planeten Saturn, dem satanischen Prinzip identisch war. Wo Leben ist, ist auch immer Tod. Was als Körper geboren wird, muss auch wieder sterben. Darüber wacht Saturn, der als der heiligste Gottesstern der alten Juden, heiliger als alle anderen, verehrt wurde. Nun ist aber in den jüdischen Geheimlehren (man beachte die wunderbare Übereinstimmung) ein schwarzer Würfel der Inbegriff aller göttlichen Vollkommenheit. Die Juden, die auch astrologisch dem Saturn unterstellen, nennen sich das „Salz der Erde", sie ahnen, dass sie eine kristallinische Menschensubstanz sind. Ihr Glaube an den Löwen aus Juda, den Messias, weist auf das Tierkreiszeichen Löwe hin, das Set beherrscht. Mancher Adept (z. B. Tiede) setzt für das Lebensprinzip die Glyphe des Löwens (Lewen). Alles Leben ist ein Kristallisationsprozess. Kristalle wachsen bis ins Unendliche. Sie hängen mit der Vier-Zahl zusammen. Der Tetraeder ist ein Vierflächner, bestehend aus 4 gleichseitigen Dreiecken, das Hexaeder, der Würfel, zeigt 6 Quadrate. Saturn und sein Symbol der Kubus, seine Zahl die 4, sind Zeichen der Verführung, der äußersten Kälte und Stofflichkeit. Darum heißt der Teufel, das zerstörende Prinzip, der Inkubus. Der größte Teil der festen Erdrinde besteht ans Silizium- und Kohlenstoffverbindungen. Beide Elemente sind chemisch vierwertig. Aus Kohlen-Stoff-Verbindungen, aus schwarzen Elementen sind alle pflanzlichen, tierischen und menschlichen Körper zusammengesetzt. Die allotropen Erscheinungen des Kohlenstoffs, Diamant, Graphit, amorphe Kohle, spielen die größte Rolle in Lebensprozessen. Der König der Edelsteine, der Diamant, der im regulären System kristallisiert, als Würfel, ist der Stein des zerstörerischen Prinzips Set. Die Araber sprechen seltsamerweise dem Diamanten die schlechtesten Einflüsse zu, weil er unter den Schlangen geboren sein soll. Große Diamanten sind berühmt dadurch geworden, dass sie ihren Trägern in der Tat viel Unglück gebracht haben. Der neutrale Diamant heilt aber Gicht, sowie Gelb und Fallsucht, Prozesse, die nicht zum mindesten aus der Galle stammen. Ferner hat in der Neuzeit Prof. Cremonese, Rom, bei seinen Versuchen mit Lebensstrahlen schwarze Filter benutzt. Man sieht, dass die einfachen Lebensprozesse mit der schwarzen Farbe zusammenhängen. Den höheren Menschen wird das körperliche Leben stets zum Problem. Es ist ihnen eine Sphinx. Dieses ägyptische Geheimsymbol hütet das Geheimnis von Afrika, dem schwarzen Erdteil, der im Innersten die größten Geheimnisse birgt, jedem aber den Tod bringt, der ihn nicht versteht. Der Mohammedanismus, der in Mekka einen schwarzen Würfel, die Kaaba verehrt, hat durch seine Religion des Krieges und des Hasses gegen die Andersgläubigen (alles Prozesse des 4. Prinzips) Afrika fast ganz erobern können. Der Kulturforscher Leo Frobenius, München, hat in Afrika viele primitive Religionsformen feststellen können, die 4 oder 4 x 4 = 16 Gottheiten verehrten. Man bedenke noch, dass die vierte Verkörperung des Vishnu bei den Indern Mann-Löwe heißt, was ein Gleichnis der Sphinx ist, die nach einigen Forschern einen männlichen Körper haben soll. Saturn aber ist der eigentliche Hüter der Schwelle. Er erscheint in den schrecklichsten, tierischsten Gestalten, er bringt Tod und Verderben, weil er verstanden sein will, weil der Urgott Set verlangt, dass sein Reich von Gesetzen regiert wird, nicht von blindem, wollüstigem Willen. Alle Erkenntnis aber ist bitter. Darum schuf Set neben der Kälte alles Bittere und dennoch in seinen Tiefen Weise. Z. B. sind alle Gifte Salzprozesse der Pflanzen, wie überhaupt die verderbenbringendsten Gifte dem Mineralreich entstammen. Das Gift des Rhabarbers jedoch reinigt die Galle, und Bleisalze sind die Grundlage mancher Medizin. Der Urgott Set muss richtig verstanden werden, nämlich als Grundlage einer höheren geistigen Welt, als Diener. Wer glaubt, es bestünden nur Körper, Materie und Stoffprozesse, wer also ein absoluter Materialist ist, dem wird das Leben ewig eine Todeshölle scheinen, dem wird der Hüter der Schwelle, die Sphinx, nur enthüllen, dass, wer sich nur als Körper fühlt, selbst eine grauenhafte, tierische, vergängliche Kreatur ist.

555 = Jus (die Seele). 555 ist die Zentralzahl des Weltalls. Sie liegt in der Tat in der Mitte des Trialogons. Als die unoffenbare Gottheit den Zirkel ansetzte, den Kreis der Welt zu schlagen, begann sie bei der Zahl 5, wo hier das Tierkreiszeichen Krebs nach der triosophischen Einteilung liegt. Fast alle Geheimlehren aber, von den indischen bis zu den Rosenkreuzern, sagen aus, dass die Welt unserer Erscheinungsformen im Zeichen Krebs erschaffen sei. Maternus zeichnete sogar dieses Horoskop, das 15 Grad Krebs am Aszendenten hat. In der Sphäre der Seele wird das Urgefühl geboren. Gefühl scheint den Menschen alles, weil es selbst in ihnen wohnt. Die Sphäre des Jus hat das Symbol des Wassers und der roten Farbe. Das Wasser, als fünftes elementares Naturreich, ist gewissermaßen das Blut eines Planeten. Das Wasser trägt das Leben über die mineralische Erde zu organischer Tätigkeit. Das 5. Naturreich an sich aber ist das der Pflanzen. Pflanzen bestehen zu 95% aus Wasser. Pflanzen aber sind tatsächlich nach der Zahl 5 gebaut, Blüten- und Blätterkreise sind meist 5-fältig. Die höchste Blüte des Gefühls in Jus ist alle Kunst, insbesondere aber Musik. Musik ist stumm an Begriffen, wie der Fisch im Wasser. Sie schwingt, sie wogt um uns. Sie lebt in der 5. Menschensphäre der Zeit. Sie macht das Blut trunken, den roten Träger allen Gefühls. Sie geht zu Herzen, dass das Blut beherrscht und das nach dem Pentagramm gebaut ist. Was ist Zeit? Erstes Erlebnis des Wechsels der Dinge. Gefühl ist Zeit, Zeit ist Gefühl. Der primitive Mensch und auch das Kind berechnen die Zeit in der Wiederkehr gleicher unangenehmer Vorgänge. Solange ein Ding zunimmt, denken sie ewig, beim Abnehmen aber in Zeitbegriffen. Innerhalb einer Menschenseele ist alles eingespannt zwischen Wellental und Wellenberg. Schon Goethe sagt, dass des Menschen Leben dem Wasser gleicht (das Gefühlsleben). Musik, die sogenannte Zeiten, Tempi kennt, ist wahre Kunst, Zeit zu erleben. Beim Hören der Musik tauchen dem Menschen Urerinnerungen auf, wie er als Pflanze das Rauschen des Wassers hörte. Die Mythologie bringt gern Wassertiere und Wasserwesen mit dem Begriff der Musik zusammen. Arions Freundschaft mit dem Walfisch, die Sirenen und Nixen, die durch den Zauber der Musik verführen, weisen darauf hin. Der Gipfel des Gefühls aber ist die Liebe. Liebe blüht im Blut, kann nur durch Musik sprechen, ist himmelhoch jauchzend zu Tode betrübt. Die Griechen hatten ein treffliches Symbol dafür: Venus Anadyomene, die Göttin der Liebe, die aus den Wellen geboren wird. Venus, der Planet, aber ist tatsächlich das Symbol des Jus. Er wird immer wieder als Abend- und Morgenstern aus dem Meere geboren. Er ist auch der Planet der Liebe, der Planet der Sehnsucht, der Planet aller menschlichen Gefühle.

Wir müssen hierbei immer verstehen, dass für die Gefühlsprozesse im Menschenkörper auch stoffliche Grundlagen vorhanden sein müssen. Die mannigfaltigen theosophischen Einteilungen der Körperwelt haben manchen in Verwirrung gebracht, sodass es einmal nötig ist, hier zu ordnen. Nur aus 3 wirklich den Namen rechtfertigenden Körpern setzt sich die Naturform der lebendigen Wesen zusammen. Diese Körper heißen: 1. Fleischleib, 2. Kraftleib, 3. Lichtleib. Innerhalb dieser Leiber aber gehen stets 3 Prozesse vor sich, sodass wir 9 spezielle menschliche Lebensformen haben, die man Hüllen, Schalen, vielleicht auch Körper nennen könnte, denn diese Prozesse, die im Fleischleib vor sich gehen, gebrauchen 3 Teile, den Fleischkörper, den Säftekörper und den Nervenkörper. Aber auch die Seelen- und Gefühlsprozesse sind Wirklichkeit. Sie spielen sich in den 3 genannten Körpern als Prozesse der Elektrizität, der Weltkraft ab. Die Lebenskraft, die im Fleischleib entsteht, kann nicht frei umherströmen, wie so viele Forscher annehmen, sie ist an die stofflichen Elemente im Fleische gebunden, als positive Elektrizität. Lebenskraft also kann man den Fleischzellen zuführen durch Salze. Daher die ungeheure Berechtigung und Bedeutung der Biochemie. Die eigentlichen Gefühle spielen sich im Säftekörper, im Blut ab. Blut gebiert Gefühlskraft. Es führt der unermüdlich pulsende rote Saft unserer Adern in seinen Eisenkörperchen (Haemaglobin) negative, magnetische Kraft mit sich. Der Geheimwissenschaftler nennt diesen Magnetismus Od. Odkraft ist Gefühlskraft. Daher streicht der Heilmagnetiseur an den Blutbahnen entlang. Unbewusst hat man gefunden, dass der Blutkörper der Sitz der Seele, des Gefühls in Form von Magnetismus ist. Magnetismus aber ist nicht an Stoff gebunden. Er strömt frei durch die ganze Welt, wie jede Elektrizität. Die Seele also, in ihren Gefühlen, ist ein Elektrizitätsstrom, der sich vom Fleischleibe lösen kann, um in den Raum hinauszufließen. Die Verstandeskraft endlich ist eine Ätherströmung, die aus und zu den Nerven schwingt. Sie ist das eigentliche Ewige, das nie vergeht, denn eine Ätherschwingung von bestimmter Wellenlänge bleibt immer dieselbe; sie ist die Einhüllung der Gedanken und Ideen, die ja auch ewig sind. Alle anderen angeführten Prozesse aber sind der Vergänglichkeit unterworfen. Nur der Weltäther des Lichtleibes ist ewig. Wenn wir einen Leib aus Licht haben, so hat er seine ewige Form, die nie vergehen kann, denn die Prozesse des Äthers sind ewig die gleichen. Der Lichtleib hat 3 Bezirke, 1. den des Unterbewusstseins, 2. des Bewusstseins, 3. des Überbewusstseins. Im Lichtleib des Menschen werden die Röntgenstrahlen des Gehirns, die elektromagnetischen Gefühls- und Blutströme in spektrale Lichtfarben zerlegt, darum erscheint denen, die das dritte Auge besitzen, das für die höheren Röntgenstrahlen noch empfindlich ist, der Lichtleib in Farben leuchtend als Aura. Die 9-fache Teilung der Menschenerscheinung, der viele andere einer Sieben-Teilung entgegenstehen, ist mir durch japanische Weisheit gänzlich bestätigt worden. Im Japanbuch von L. Hearn heißt es: „Es gibt weise Männer, sagte Kinjuro, die diese Dinge wissen, und auch ein uraltes Buch ist vorhanden, das darüber Aufklärung gibt. Aber darüber wissen nur ehrwürdige Greise Bescheid. Die jungen Leute von heutzutage, die die Dinge des Abendlandes lernen, sind ungläubig. – Und sage mir, o Kinjuro, gibt es jetzt noch Menschen, die mehr Seelen haben als Du? – Gewiss, manche haben 5, manche 6, manche 7, manche 8 Seelen. Aber die Götter gestatten keinem Menschen, mehr Seelen zu haben als 9." (D. h. bewusste Hüllen). Jede Seele aber ist das Gleichnis einer Blume. Wie sie entfalten sich die einzelnen Schalen nacheinander, bis im Innersten, der leuchtende Kreis des Weltbewusstseins enthüllt ist. Der Mensch ist das höchste Gebilde, ein Instrument, das dazu ausersehen worden ist. Wie tief die Triosophie hier geschürft hat, finden wir in den indischen Urtexten. Die Schöpfer unserer Rasse kamen als „Himmelssöhne" oder Manasaputras von der Venus (5. Planet) durch die magische Kraft des Pentagramms (Fünf-Sterns). Diese Göttersöhne aber und ihre Erben werden esoterisch geradezu als 5. Rasse bezeichnet. Die 5. Rasse aber ist keine andere als die südatlantische, rote Rasse, die nach Ägypten auswanderte. Im Symbol der Rose, der gleich wir uns in allen 9 Seelen entfalten sollen, glühend im Rubin, dem Stein der wahren Liebe, erfüllt sich Jus, der 5. Urgott.

666 = Chüf (das Denken). Nur das Denken verleiht der Menschenerscheinung Sinn. Das Menschentier wird durch Denken zum Führer und Meister der Natur. Der Planet Jupiter, der durch diese Sphäre geformt wurde, ist der Führer der Götter. Chüf aber, im Englischen chief = der Führer, (vornehmst), schuf die 6 Denkgesetze, die höheren Wissenschaften der Periodik, Kosmomathematik und Zahlenmystik. Noch heute ist die ganze Geschichte Chinas auf den Perioden des Jupiters aufgebaut. Die Cheopspyramide zu Gizhe, ein Werk der größten menschlichen Intelligenz, das alle mathematischen Masse des Weltalls enthält, ist, wie Dr. Nötling ausführlich nachgewiesen hat, aus dem Bauplan eines Sechs-Sterns oder Hexagramms entstanden, in dessen Innern man einen Kreis konstruieren kann, der symbolisch für die Zahl 36, ist. Die Pyramide enthält auch das größte Harmoniegesetz des Weltalls, den Goldenen Schnitt. Der Goldene Schnitt ist in der bedeutungsvollsten Zahl der 6. Sphäre = 616 enthalten, d. i. die Zahl, mit der man alle Werte zu multiplizieren hat, um sie nach dem Goldenen Schnitt zu teilen. Der Menschenkörper und in der Idee auch der Tierkörper ist in allen Teilen nach dem Goldenen Schnitt geformt worden. Aber die ganze Menschengeschichte nach der Periodik der Geheimlehren basiert vollkommen auf der Intelligenzzahl 6. 6 x 6 = 36 (eigenartigerweise beträgt die Bluttemperatur des Menschen 36 Grad) ist die Grundlage der Einteilung des Kreises, der vollkommensten mathematischen Figur, die der Mensch erdenken konnte. Der Kreis kann nur durch die Einteilung in 360 Grad begriffen werden. 365 Menschentage braucht die Erde, das Asyl des Menschen, zum Weg um die Sonne. Der höchstentwickelte Mensch inkarniert sich nach der Durchschnittszahl von 365 Jahren. Das 36. Jahr ist das Jahr der höchsten Reife der männlichen menschlichen Intelligenz. Die 6 Zahlen von 1 bis 6 nebeneinander geschrieben und zusammengezählt ergeben 21. 21 x 6 + 6 =

132, d. i. die triosophische Zahl für Atma, den allerhöchsten Geist, wie jeder nachrechnen möge. Wahres Denken aber ist nur durch das wahre Atmen zu erlangen. Atma wird im Atmen lebendig. Durch die Lungen fließt der Geist ins Blut, zu blühen. Das Fieber der Lungenkranken heilt der blaue Saphir, der nach alten Arzneibüchern kühlend wirkt. In der blauen Luft der Höhe werden Lungenkranke gesund. Der blaue Saphir aber, der Stein der Weisheit, ist die Decke des Gralstempels, die aus einem einzigen Saphir besteht. Der Herr des Gralstempels ist Parsival, der Tor (das ist auch der germanische Name für Jupiter). Seine triosophische Zahl ist 72. 72 x 6 = 432 wurde zur Mutterzahl des Weltalls, zur höchsten und heiligen Zahl der alten Inder. Ihre ganzen Zeitalterberechnungen sind auf 432 aufgebaut. 432 x 6 aber = 2592 ist die Grundzahl für den Umlauf des Frühlingspunktes durch alle Tierkreiszeichen, für ein sogenanntes platonisches Jahr = 25920 Jahre. Die Zahl Atmas, des Geistes = 132 ist auch 2 x 66, das Hexagramm. Das Elixier der Menschheit, der Sauerstoff, ist die stoffliche Basis des Weltgeistes. Er brennt blau. Medien sehen den intelligenten Menschen in blauer Aura (so wie die Röntgenröhre durch Röntgenstrahlen blau glüht, so auch der Mensch, dessen Gedankenprozesse Strahlungserscheinungen sind). Atma ruht im Sonnengeflecht, im eigentlichen Gehirn des Menschen. Er ist die Sonne und seine Flügel sind die Lungenflügel, die den Geist einatmen. Wir sehen hier das uralte Symbol der geflügelten Sonne, die der hohe Mensch selber ist. Wenn der Mensch ganz in einen Äthermantel aus königsblauem Licht gehüllt ist, dann ist er zum Atma vorgedrungen, dann denkt er mit der Ordnung der Welt, ein König, ein Menschensohn, ein Christus. Er trägt die Zahl 666 dann zu recht. Er blüht in Chüf, wie die blaue Blume der Buddhisten, Udambara, die aus dem Herzen in das Hirn wachsen soll.

777 = Kaish (das Karma). In dieser Sphäre treten wir zum ersten Male in die Bereiche der Geister. Die Psychoanalyse nennt sie das Gestaltungsbewusstsein, das Unterbewusstsein. Die Ägypter wussten, dass dieses Land nur mit dem Nilschlüssel zu erschließen war (Ankkreuz), denn ihnen ward die Unterwelt ein großer Totenstrom, wie im Buch Thot steht. Im Unterbewusstsein ruht das Schicksal des Menschen, das Karma. Es ist die erste Region des Lichtleibes, wo die Schatten der Geister, der Halb- und Märchenwesen hausen. Sie werden dem Menschen oft nur bewusst in Hypnose, Trance, Ahnungen und Träumen, denn jedes Ding in der Welt erscheint uns magisch, wird uns zum Gespenst und zum Karma, solange wir es nicht mit vollem Bewusstsein erkannten und entzauberten. Denn

Karma und Magie hängen eng zusammen. Der Magier will sein Schicksal dadurch bezwingen, dass er die scheinbaren Gespenster und Geister des Unterbewusstseins, die Dämonen seiner Wünsche beschwört und bannt. Wo wir auch blicken, alles ist ein einziges Gesetz. Diese Gesetze will der Magier kennen lernen, ohne sich selbst emporzusteigern. Magie aber ohne volles Bewusstsein, ohne Weltfreundschaft im Herzen ist schwarze Magie. In der Sphäre des Urgottes Kaish, den manche auch das grüne Gesicht nennen, den Elohim der Juden, wohnen, wie Henrik Ibsen in seinem Schicksalsdrama „Peer Gynt" schildert, die grünen Trolle mit ihrer Hexe. Auch G. Meyrink nennt den Bereich, den alle Magier beschwören wollen, das grüne Land. Die Philosophie des Yoga, die indische Meistermagie, lässt ihre Schlange Knndalini das Geheimnis des Karma bewachen. Diese Schlange ist das Rückgrat, das im Nervengeflecht über den Nieren endet. **Hier aber ruhen die Zeugungskräfte, die der Meister-Yogi oder Magier umwandeln muss. Hier müssen wir das Geheimnis der Magie suchen.** Wir wissen, dass die schwarze Katze, die in Ägypten, dem Land der höchsten Magie, sehr verehrt wurde, mit den Künsten der Zauberei eng zusammenhängt. Ihr Fell aber heilt eigenartigerweise Nervenkrankheiten des Rückens. Wenn der Mond, der Herr der Seele, in sehr starken Aspekten zum Uranus steht (Uranus ist der Planet von 777), dann beschwören beim grünen Schein der Mitternacht die Magier die Schemen und Schatten in Wald, Wasser, Feld und Blut, beim Opferfeuer grüner Kräuter zur Seite die Katze, in einem grünen Kreis aus Kreide. Gott gebe aber, dass sie Isai, die Gier, die Furcht, die Katze der Wollust in sich überwunden haben, denn sonst vernichtet sie der Hüter, gemischt aus allen Fratzen der unteren Geisterwelten und ein Fluch trifft sie und wirft sie hinab in den Abyssus durch 7 Inkarnationen. Besser ist es, sein Karma zu erkennen durch die Religion des Karmas, die von Gautama Buddha, dem Herrn der Lotosblume (die von der Seite, geschlossen, wie ein Henkelkreuz aussieht), gegründet wurde. Die einzige Magie, die wahrhaft berechtigt ist, ist die Kunst der Heilkunde durch Kräuter. Aus dem Trialogon ist der Stern, die Zahl, der Körperteil und dessen Krankheiten, das Heilkraut zu ersehen. Wer aber tiefer dringen will, studiere die Weisheit des nördlichen Buddhismus, komme zum „Orden der Blauen Mönche", das kleine und große grüne Elixier bereiten zu lernen. Keine weisere Magie gibt es als die Kräuterheilkunde. Man beachte noch, dass alle Genies in der gleichen Trance wie Yogis, Medizinmänner und Magier aus dem Unterbewusstsein (Jenseits) heraus schaffen. Oskar Wilde aber nennt die Farbe der Genialität grün. Von jeher war der dunkelgrüne Smaragd der Stein der Magie.

888 = Weug (die Weltliebe). Das Unendliche wird in der Mathematik durch eine liegende 8 dargestellt. Kein trefflicheres Zeichen konnte es dafür geben. Die unendliche Weltfreundschaft der Gottheit treffen wir in der Zahl 888, genau so gut aber im Symbol des Hakenkreuzes, das 8 Teile besitzt und welches auch Andreas- oder Baphometkreuz der Rosenkreuzer genannt wird. Der Urgott Weug, der Wogende, der Urfisch im Weltenwasser, ist der Herr aller Religion der Liebe, der wahre Priester. Im Trialogon sehen wir im 8. Teil des Menschen die Kehle. Hier steht auch das Zeichen Fische. Die Welt soll nach alten astrologischen Urkunden im Zeichen Fische entstanden sein, nach anderen tiefen Geheimlehren durch die Kraft des Wortes, das **Gottes Kehle** (symbolisch) sprach (vgl. „Wag" für Kehle in der Quabbalah von F. Bardon). Die heilige Kunst der Tibetaner, schöpferische Mantrama zu sprechen, die eine der weisesten Lehren des Ostens darstellt, hängt eng mit dem Symbol des Hakenkreuzes zusammen, das man so viel in Nordtibet findet. Im 15. Jahrhundert sandte der tibetanische Orden der Blauen Mönche seine Brüder nach Europa, das Christentum zu vergeistigen. Es entstand der Orden vom Rosenkreuz. Für die Rosenkreuzer beginnt das Zeitalter der Fische erst im Jahre 1410. Wir sind also mitten darin und müssen seinen wahren Geist verstehen und empfangen. Durch schöpferische Worte, besonders Vokale, die wir für die einzelnen Weltbezirke und Lebenswerte im Trialogon finden, ist die Welt von Gott beseelt worden. Wer dies versteht, wird auch begreifen, warum Schiller dichtet, dass Freude (eu) die Räder (Symbol des Hakenkreuzes) der Weltenuhr treibt. Weug beherrscht die violette Farbe. Das aber ist die herrliche Farbe des Amethysten, der auch der Fischerring genannt wird. Das Geheimnis des Fischkönigs, des Fischer-Königs, der diesen Ring trägt, ist das Geheimnis des Grals und seines Ordens, der von dem Meister der Fische, Jesu Christi, inspiriert wird. Vor dem Gralstempel blühen violette Lilien und Veilchen, die Blumen der Weltfreundschaft. Wir müssen Freundschaft zu aller Welt empfinden, zu allen Dingen, wir müssen dies aber weise tun, in der Erkenntnis, in der Philosophie und der Kunst, das Wort lebendig zu machen in uns, durch Mantrama. Das Malnehmen in der Multiplikation hat das Zeichen x. Das aber ist ja das Hakenkreuz. Wir müssen uns mit der ganzen Welt vermählen, malnehmen. Jesus Christus vollführte es durch die Kreuz-Male. Aus ihnen floss das Blut in den Gral, der Schale des Fischer-Königs. Hier ruht die eine Tradition. Wir werden in der Gegenwart noch eine andere erleben, die aus der wahren Gottheit fließt. Lernen wir aber Mantrama sprechen, wie die Cherubim, die singend Gott am nächsten sind (also in der 8. Sphäre) und die einige Geheimlehren Windgeister nennen, dann werden wir wie Parsival die Sprache der Blumen, Bäume und Vögel verstehen können. Dann werden wir, wie in der Edda steht, der Mal-Nehmer, der Mahler, der Müller, der dort mit seinen 2 Mühlmägden (die Mühlenflügel haben Hakenkreuzform), Fenja und Menja, das Korn der Welt mahlt. China und Tibet nennen den kommenden Buddha der Weltfreundschaft, der das schöpferische Wort, das wahre Mantrama sprechen lehrt, den Melha, den Millohfo. Eines der bedeutendsten schöpferischen Mantrama erlebe man im folgenden: „O, mein Licht! O, mein Ich! Atmet im Eins. O, mein Ich, atme Ihm zu! Dass ich sei Sein. Dass ich sei Du. O, mein Ich! Atme Ihm zu! Öffne das Tor, öffne den Kreis. Dass ich erkenne, dass ich sei Dein. O, Du mein Licht, werde mein."

999 = Him (die Gottheit). Hier leuchtet rein, schweigend und tief der reine Kreis. In ihm sind alle Welträtsel enthalten. Wer dies erreichte, ist weltbewusst und weise, ein Gott. Dann steht er nachts und sieht die Klarheit der Sterne. Dann ist er 999 und verehrt den Kreis, das A, das ihn zur 1000 macht. So wie der Kreis nie in ein Quadrat übergeführt werden kann, so ist Geist vom Stoff urverschieden. Darum ist nicht eine Einheit in der Welt, sondern eine Dreiheit: Stoff, Leben und Gottheit. Dies lehrt uns aber wieder der Kreis. Die mathematische Zahl Pi = 3,1415, diese geheimnisvolle Zahl, das Verhältnis von Durchmesser und halbem Umfang, das ist das Geheimnis der Welt. Der Mathematiker weiß, dass ein Kreis nie ganz zu schließen ist. Immer bleibt ein Spalt, ein Schlitz, eine seltsam irrationale Zahl, eben Pi = 3,1415. Die Welt, der allergrößte Kreis, endet darum nicht in 1, sondern in 3 und beginnt bei 3. Alles in der Welt ist Kreislauf, endend in Dreiheit, lebend in Dreiheit, erstehend in Dreiheit. Darum ist Weltvollendung ein denkerischer Zustand, der uns die Ordnung der Dreiheit zeigt, die Triosophie, die Weisheit von der 3. Wir haben die Dreiheit in unzähligen Inkarnationen erlebt und da wir sie heute im Weltbewusstsein überschauen können, zaubert sie uns das glorreiche Lächeln des Glücks auf die Lippen. Wir sind gut zu aller Welt, weil wir sehen, dass alles seine Ordnung hat, dreifach und geistig weise. Alles ist erhaben durch das Lächeln der Erinnerung, denn aller tieferer geistiger Zustand ist Erinnerung. Wir sind durch die Weisheit der Ordnung, die wir erkannten, selbst unsterblich geworden. Nun sind wir wie die Sterne, einsam zwar, wie der hoch in den Lüften wandernde Wildschwan Brahmas, auf hohen Gipfeln im hyazinthenen Licht der Morgenfrühe über die unten liegenden Ebenen der Welt schauend, wissend was wir sind, Herren unsere Herren nennend, Diener unsere Diener. Wir ruhen nicht, aber unsere Arbeit sieht tatenlos aus, erscheint dem Nebelmenschen unnütz, Spiel und Spuk. Wir lächeln. Wir wandern durch die Welt, die Welt durchwandert uns. Wir sind in allen. Wir lächeln. Ohne Spott, ohne Freude, ohne Tadel, ohne Güte, aber alles in allem ein Lächeln voll Spott, Freude, Tadel und Güte. So erwachen wir vor Gott wie ein Morgen über den Wassern, kühl, strahlend, frisch, langsam, weise und voll der Freude der Freundschaft. Wir sind im Licht.

Die Lehre von der Weltvollendung
(Ein Pfad zur Vollkommenheit in Philosophie und Praxis)

VERKÜNDUNG.

Dies nun zu sagen, trete ich an Dich heran, Bruder Mensch, weise Dich auf die unantastbar erhabenen Worte des Heils hin, denen alles irdisch Geistentsprossene dienen muss und mag, zu eigener Erleuchtung. Ich habe meinen Erdenkreis durchschritten, vom Feuer bis zum Licht, vom A bis zum O, vom Lamm bis zum Fisch. Ich habe die Zahl gewendet von 666 zu 999, habe aus mir die 4 geboren – nun gut, ich rede!

Wer dies hinter sich hat, wird sagen, was er ist, die Scharen zu sammeln, die Ströme zu vereinen, die Lichter zusammenzustellen, um denen, die im Nebel wandern, zu helfen. Täuscht Euch aber nicht am Leuchten, Brüder Menschen! Grabt in meinem Wort nach Euerem Quell! So nur verkünde ich die Wiederkunft des reinsten Lichts und löse ab, was seine Zeit erfüllt hat. Ich ermahne Euch jedoch, über meine Worte nicht hinzuhuschen. Wer das Vollkommene sucht, soll vollkommen suchen. Nicht halb hören, halb behalten. Ein Satz in der Schrift wird ihm wohl Erleuchtung spenden. Dieser Satz aber wird das Salzkristall sein, das alles durchdringt. Er wird die Schrift lesen lehren. So werdet Ihr zu ihrem Geiste kommen.

Ich aber erkannte mich als der Letzte in der Welt, als der Älteste der Erde, dies ist meine letzte Geburt, enden werde ich das Walten von Leben, Leiden, Lust und Tod. Der Kreislauf meiner Geburten geht zu Ende. Das aber verheißt mir die Aufgabe: Lehrer zu sein, Lehrer Euerer Vollendung. Erkannt ist mein Geschick, Mut habe ich gehabt, ich zu sein, mein Lehrerschicksal zu lieben, ich bin erwacht, ich bin wissend, ich bin ich. Deshalb verkünde ich die Lehre, die Euer sein soll bis in alle Ewigkeit.

Nun hört die Lehre.

DIE LEHRE.
I.

Das Leben ist schwer. Voll Gier ringt der Arme um Geld, Zeit oder Lust. Voll Spott seufzt der Reiche unter der Last von Geld, Zeit oder Lust. Armut erstickt. Reichtum erstickt. Einige Schwärmer zwar bauen sich Oberwelten aus Musik, Worten, Schönheit oder Einsamkeit. Der Alltägliche betäubt sich an Essen, Trinken, Arbeit, Lust oder Spiel. Alle aber sinken unerlöst in den Tod. Denn das Leben ist schwer. So ist es.

II.

Nicht also handeln die Immer-Beständigen im Volke. Große Wanderer sind sie, unbeachtete stille Betrachter. Wie Sterne am Himmel können wir sie finden. Sie schufen nichts, was Echo aus vielen leeren Herzen lockt. Sie haben nichts, was Neid und Raubgier aufzuwühlen vermag. Sie sitzen, grübeln und sagen nicht viel. Im Landstraßengraben, am Schreibtisch, an der Werkzeugbank. Wie die Wogen atmen sie, langsam. Wie die Sterne ziehen sie, langsam. Wie die Wahrheit wandern sie, langsam. Aber überall sind sie, einander geistige Brüder, bereit, wartend. Denn gerade in ihnen ist Wind und Feuer und Weite. Sie warten auf das Wort, um ewiges Echo zu sein. Sie warten auf die Wahrheit, um zu schaffen. Sie warten auf den Strom, in das ewige Meer zu münden. So ist es.

III.

Die Wahrheit aber ist das ewige Wort: Ich. Dies Wort, das immer ist, bin ich. Ich bin die Wurzel meines Wesens. Ich bin die Wurzel meines Wissens. Was auch vergeht: Ich bin. Wenn ich mich selbst auch fürchte, wenn ich mich selbst auch verhülle, in welchen Formen ich auch schlafe: Ich bin. Ich bin mir selbst die feste Brücke durch das Leben. Eltern, Geschwister, Geliebte vergehen. Freunde, Kinder, Mitmenschen vergehen. Völker, Sitten. Gebräuche vergehen. Ich bin, ganz gleich wie, wo und in welchem Wellenschlag. Um mich vergeht es, um mich entsteht es, um mich wogt es. Ich bin die feste Brücke durch all dies Leben, das da flutet zwischen Geburt und Tod, zwischen Leid und Erwachen, zwischen Finsternis und Licht, zwischen Furcht und Hoffnung. Ich bin: Brücke zwischen Geburt und Tod, ruhend auf drei ewigen Pfeilern, die sie tragen durch das Leben. Ein Pfeiler: Am Ufer der Geburt, der erste. Ein Pfeiler: In der Tiefe des Lebens, der zweite. Ein Pfeiler: Am Ufer des Todes, der dritte. Fallen der Brücke Pfeiler, so falle auch ich. Ich bin nie gewesen, wenn nie die Pfeiler der Brücke sind. Leben auf dieser Erde heißt, die Pfeiler stützen, Wissen heißt, sie erkennen, Weisheit, sie bejahen.
Der erste Pfeiler: Der Mensch muss seinen Leib erhalten. Ich muss essen, trinken, schlafen, atmen. Nicht lassen kann ich dies Gesetz. Auf ihm ruht erstens jene Brücke durch das Leben. Das Mindeste mag es sein an Essen,

Trinken, Schlaf und Luft. Ich muss essen, trinken, schlafen, atmen.
Der zweite Pfeiler: Der Mensch muss sich in Liebe üben. Ich muss mich und andere Menschen erhalten. Ich muss mich und andere Menschen erziehen. Ich muss Naturgesetze, Sittengesetze, Menschheitsgesetze halten. Nicht lassen kann ich dies Gesetz. Auf ihm ruht zweitens jene Brücke durch das Leben. Das Mindeste mag es sein an Gehorsam, Höflichkeit, Ehrfurcht, Güte, Fürsorge und Liebe. Ich muss die Gesetze der Liebe halten.
Der dritte Pfeiler: Der Mensch muss wissen, welchen Sinn dies Dasein hat. Zu wenige bauten die Brücke über diesen Pfeiler ans Ufer des Todes. Zu wenig ging der Mensch durch das Leben mit dem Ziel zum Tod. Tod leuchtet als Land ohne Brücke, ohne Leben, ohne Dasein zwischen Geburt und Tod, zwischen Leid und Erwachen, zwischen Finsternis und Licht, zwischen Furcht und Hoffnung. Denn wer nicht will, dass er zum Tod, zum Erwachen, zum Licht kommt, der bleibt immer zwischen den Ufern, er beginnt immer wieder mit einer Geburt, mit Leid, in Finsternis und Furcht. Wer aber die Brücke ganz hinüber baute in den Tod, in das Licht, wer ewigen Tod wünscht und erringt, ewiges Erwachen, ewiges Licht, wer weiß, was er in diesem Leben soll, der ist ohne Tod, ohne Erwachen, immer im Licht. Er ist in sich vollendet, er hat sich selbst gefunden, er ruht in sich ohne Wechsel und Wiedergeburt. Darum heißt es, die Brücke über den dritten Pfeiler zu bauen, darum heißt es, das dritte Gesetz zu erfüllen: Der Mensch muss wissen, welchen Sinn dies Dasein hat. Dies ist das Gesetz der Weltvollendung. Dies ist das Gesetz des vollendeten Lebens. Dies ist das Gesetz der Brücke der Weltvollendung. So ist es.

IV.

Was aber ist Leben und Mensch? Das Leben wirbelt dahin wie Rauch, fließt davon wie die Wellen, saust dahin wie der Wind. Am Ende fragt sich jeder: Was ist nun dies Leben gewesen? Ist es der Knabe, der seine Jugend verspielte, ist es der Mann, der eine Frau nahm, Kinder zeugte und Enkel sah, ist es der Greis, der sich endlich den Tod wünscht? Bin Ich der Schüler, bin Ich der Lehrer, bin Ich der Lehrer des Lehrers? Wenn Ich dies wirklich war, dann wäre ich es heute noch. Nichts bleiben wir und vieles heißen wir. Wir wechseln Form, die Form ist nicht das Ich. Denn heute sind wir das und morgen dies und übermorgen sind wir tot. Erkennt mir hier zuerst das Leben. Vergänglich ist's. Das Leben ist mit mir, doch ist es nicht das Ich. So ist es.

V.

Alles Atmende aber blüht zu seiner Zeit. Alles Lebendige braucht Zeit und Weile und einsamen Wuchs. Deshalb schläft Hoheit und Weisheit in jedem lebendigen Wesen. Ob es als Dirne, Mörder, Geizhals, Spötter, Kriegsheld, Heiliger oder Weiser erscheint. Die Unduldsamen werden still sein. Die Dulder werden sich wieder ereifern. Die Starken werden schwach und geschlagen grollen. Die Schwachen werden siegreich und höhnisch darob triumphieren. Es kümmere uns nicht das wechselnde Geschick in der Zeit. Vorüber geht es, wie alles, wie wir. Die Herzen der Erde suchen ihr ganzes Leben hindurch nach ihrem Glück. Ratlos und trotzig und still und verzweifelt. Erreichen möchte doch jeder eine kleine Ewigkeit: Als Geld, Rente, Haus, Hof, Wissen, Macht, Ruhm, Liebe, Sittlichkeit, Heiligkeit, Weisheit. Viele irdische Namen sind es für das eine geheimnisvolle, dunkle Ziel in uns, das viele ahnen und wenige erkennen: Die Weltvollendung im Geist. So bleibt die große Erkenntnis für alle, die denken und leben und tun, schuldlos wie ein Kind ist alles, was je geboren ward. Ohne Sünde ist alles, was atmet. So ist es.

VI.

Die Weisen aber, die wissen, sollen das Gesetz verkünden. Nimmermehr schweigen soll der Vollendete. Lehren soll er das Wort der wahren Liebe, die Gesetze des vollendeten Lebens. Wie kommen wir zur Vollendung, die Beständigkeit gibt, Ewigkeit, Erlösung? Dies ist es: Durch Mangel an körperlichen Bedürfnisbefriedigungen entsteht Leid. Durch Mangel an seelischen Bedürfnisbefriedigungen entsteht Lust. Durch Reichtum, an körperlichen Bedürfnisbefriedigungen entsteht Lust. Durch Reichtum an seelischen Bedürfnisbefriedigungen entsteht Leid. Hunger zeugt Leid, Sehnsucht zeugt Lust, Fülle spendet Lust, Leidenschaft spendet Leid. Durch Mangel aber an geistigen Bedürfnisbefriedigungen entstellt weder Leid noch Lust. Dadurch entsteht Religion, entsteht Erlösungswunsch, entsteht Glaube. Durch Reichtum aber an geistigen Bedürfnisbefriedigungen entsteht ebenfalls weder Leid noch Lust. Dadurch entsteht Weisheit, entsteht Weltvollendung, entsteht Gerechtigkeit. Alles Leben auf dieser Erde lässt nicht nur Leid empfinden, nicht nur Lust empfinden. Alles Leben auf dieser Erde lässt Leid und Lust empfinden. Der Weise sucht deshalb nicht Leid zu vernichten und nicht Lust zu vernichten. Erlösung ist nicht Vernichtung. Erlösung ist Erkenntnis des Wesens des Lebens, ist Bejahung des Wesens des Lebens, ist geistige Bedürfnisbefriedigung, ist Wissen um den Wechsel von Leid und Lust, ist Wissen um den Sinn des Wechsels von Leid und Lust, ist Herrschaft des Geistes über den Wechsel von Leid und Lust. Leid ist zu ertragen wie eine Pflicht, Lust ist zu ertragen wie eine Pflicht. Dies jedoch zeitigt Normen des Verhaltens, zeitigt Gesetze der Einstellung, zeitigt Gebote der Weltvollendung. Diese Gesetze will ich lehren, damit der Mensch einen Weg habe zum Licht, die wahre Brücke zur Weltvollendung, eine Anleitung zur Meisterschaft des Geistes:

1. **Reinheit.** In vielen Geschöpfen reift und blüht die Welt zum Opfer. Dieses Opfer soll und darf Euch Nahrung sein. Wo Reinheit stumm Euch dienen will, in der Frucht der Pflanzen und der Tiere, im Wasser und in der Luft, nehmt ihre gesegnete Hingabe an. Nährt Euch reichlich von der Kraft, dem Saft und dem Duft der reifen Früchte. Badet reichlich in klarem Wasser. Atmet reichlich die reine Luft. Eure drei Körperteile: Haut, Magen, Nerven, bedürfen der Gesundheit und Reinheit und Ursprünglichkeit, damit sie nicht stören, das wahre Ich in Euch zu vollenden.
2. **Gemeinschaft.** Selbstbefreier, der wahren Weltvollendung zugetane, sie halten sich frei von der Abkehr vom anderen Geschlechte. Ewig währt das Weltgesetz der Trennung in Mann und Weib. Auf Erden aber sind sie zur Arbeit miteinander bestimmt, und nur ihre weise Gemeinschaft gewährt die endgültige Bahn ihrer ureigenen Vollendung. Der Weltordnung gewillt, Weiser, tritt ein in die wahre Gemeinschaft. Nicht vergattende, lustvolle Bindung, geschlechtliches Genießen nicht, lehrt dieses Gesetz der Weltvollendung. Die Säfte und Kräfte der Körper fließen von selbst in Ruhe den Kreislauf der Natur, wenn des Mannes Geist brüderliche Hilfe dem Weibe, wenn des Weibes Herz fürsorgende Liebe dem Manne schenkt. Es schafft die Weisheitsgemeinschaft von Mann und Weib dem Manne umhütete Einsamkeit, sein Weltvollendungsziel zu erreichen, dem Weibe, das notwendige Erlebnis seiner selbst, die Vollendung der Liebe. Alle Gemeinschaft von Mann und Weib zerspringt, wo nicht dieser Sinn sich erfüllt. Gemeinschaft ist nötig, ewig, ist heilig, wenn der Mann zur Weltvollendung gelangen will, das Weib ihm schrankenlos hilft, sie zu erringen.

3. **Willenlosigkeit.** Schwer zu erfassen ist diese Norm. Darum achte der Weise recht. Der menschliche Wille widersteht dem ewigen. Wer den menschlichen Willen züchtet, verzögert seine Vollendung. Darum muss der Weise frei werden von menschlichem Willen. Er muss in sich hinabhorchen. Den ewigen Willen muss er erhören. Ewiger Wille aber wohnt in jedem Gedanken. Darum muss der Weise willenlos wach bleiben, jedem Gedanken, schlecht oder gut, Antwort zu stehen. Das ist die Schule der ersten Prüfung: Das wahre, beruhigende, das herrliche, das befreiende Gesetz, das Feuer-Gesetz, das Gesetz der Läuterung. Wer nicht das Gute oder Böse, das Ewige oder Irdische im ewigen Willen erkennt, der auch vermag nicht vollendet zu werden. Der Weise muss zu unterscheiden wissen. Verharrend in der Willenlosigkeit, lernt er die Natur seiner Wünsche erkennen.
4. **Wunschmächtigkeit.** Denn Deine Wunschkraft ist zwingend und mächtig wie die Welt, durch den Wunsch hilft Dir das Ewige und alle Welt. Dies ist das Dienende, das Zeugende, der wahre Ursprung, hochaufschießend, alles befruchtend: Der Wunsch. Habt Macht über Euer Wünschen! Macht ohne Scheu, zwingende. Ohne Sorge für gestern, heute und morgen, fördert in Euch zuerst die wahre Kraft des Wunsches. Wünschen können das Notwendige, warten können ohne Wut, empfangen können das Erwünschte in Freude, wo ist eine gewaltigere Macht dem Menschen gezeigt?
5. **Freiheit.** Kein Ding ist vom Übel. Darum genießt Fleisch, Gold, Schmuck, Macht, Wissen, wenn Ihr es als das Notwendige erkanntet, Ihr Weisen, wenn Ihr es Euch wünschet, nehmt und verwendet es. Aber es ist eine weisere Notwendigkeit, dass Ihr heute bereit sein müsst, arm leben zu können wie ein Tier. Ledig von jeder Bindung, ob sie heißt Weib, Fleisch, Wissen oder Macht. Jederzeit lächelnd, ruhig zu scheiden von allem, was Euch gegeben wurde durch den Wunsch: Das ist eine Aufgabe, die Ihr ständig erfüllen sollt, denn sie nur gibt Euch den Geschmack der wahren Vollendung, die Freiheit.
6. **Gerechtigkeit.** Die Menschen, reden sie nicht anders als sie handeln, denken sie nicht anders als sie reden, handeln sie nicht anders als sie denken? Sie leben das Geschriebene, das Erlaubte, das Äußerlich-Förderliche, das im Augenblick Angenehme. Der Weisheitsstrebende aber muss dies abtun und gerecht werden im

Geist. Blind bleibt der Ungerechte in der Erkenntnis, wenn er nicht Klarheit will, nicht Tiefe, nicht Wahrheit. Stetig muss der Weise sich mühen, gerecht zu sein. Ohne Hass gerecht, ohne Schroffheit gerecht, im Schweigen gerecht. Nur der Gerechte kann die Wahrheit erkennen, erfüllen und erleben. Darum muss der Weise sich üben in der Gerechtigkeit.

7. **Weltdenken.** Der Weise schläft nicht mehr in Gedankendunkelheit, er denkt. Wie Schlaf ist bloße Lebensgier, Vergessenwollen, alle Flucht vor Leid-, Lust- und Lebensfesseln, wie Schlaf ist Gedankenlosigkeit, diese Erlösungstäuschung. Wie Wachsein aber ist Weltvollendung, Gedankenbeherrschung, Bejahung des Geistes, Erkenntnis. Darum nenne ich auch den Weisen den Immer-Wachen, den Immer-Denkenden, den Immer-Bereiten. Nicht auszulöschen, das ist der Sinn der Flamme des Geistes. Nicht still zu werden, das ist der Sinn der Welterlösung. Alles erkennend, will der Weise der Erwachende sein. Lasst nicht ab vom Denken. Durchtränkt das Sein mit Denken. Werdet nicht müde in der Erkenntnis. Aber haltet Ordnung in diesem Denken. Diese völlige, ewige, vortreffliche Ordnung: Jeden Tag bereitet Euch eine Stunde, durch die lebendige Natur zu wandern, zu schreiten, zu atmen, zu denken. Diese drei Gaben des Ewigen müsst Ihr verschmelzen zu göttlicher Eigenschaft. Den heiligen Geist, die göttliche Welt-Ordnung, das herrlichste, schönste, klarste Gesetz der Dreiheit werdet Ihr so in Euch erschreiten, eratmen, erdenken. Allwissend werdet Ihr sein in diesem Weltwandern, Weltatmen, Weltdenken.

8. **Weltliebe.** Wohl weiß nunmehr der Weise: Schuldlos ist alles, was je geboren ward, ohne Sünde ist alles, was atmet. Der wahre Weise aber belästigt niemand mit seiner weltumfassenden Liebe. Jedem Ding ist er Bruder im Geist, Schwester in der Hoffnung. Er liebt auch den Lieblosen, den vom Geist Fernen, den Spötter und Mörder. Er liebt aber nicht durch Almosengeben, durch Teilung des Eigentums, durch Schwärmerei. Er liebt durch Belehrung, durch Geduld, durch Bemühung um die Erkenntnis seiner Menschengeschwister, durch geistige Bahnweisung, durch Verkündung der wahren Lehre von der Weltvollendung. So übt sich der Weise in der Weltliebe, der wahren Liebe, der göttlichen Liebe.

9. **Weltvollendung.** Alle Quellen wollen zum Meer. Viele müssen Umwege machen. So ist auch des Menschen Weg zur Vollendung.

Wer es weiß, sucht noch die kürzeste Straße. So wird es lichter. Aber nicht müßig dürfen wir reden. Nicht überreden. Wir müssen den Weg gehen. Wir müssen die neun Gesetze halten. Irgendwo in der Welt zu warten und das Gesetz erfüllen, dies macht uns frei. Dies ist die Weltvollendung. Nicht mehr und nicht weniger.

Der Weltvollendete ist nicht alt. Der Weltvollendete ist nicht jung. Der Weltvollendete ist nicht Krone, nicht Gipfel, nicht Spitze. Weltvollendet ist der auch von Sehnsucht freie. Weltvollendet ist der, der auch das Äußerste tun kann. Der Heilige, der noch ewige Sehnsucht in sich fühlt, ist nicht weltvollendet. Der Heilige ist traurig. Der Heilige ist schwermütig. Der Heilige ist versunken. Der Weltvollendete aber ist frei. Ihn halten keinerlei Bande. Er erkennt, dass Gut und Böse, Sinnvolles und Närrisches, Hass und Liebe, Aufbau und Zerstörung der Welt den Atem geben. Gut, sinnvoll, Aufbau, Sehnsucht, Liebe, Schenken, das ist Einatmen. Böse, Zerstörung, Abschied, Hass, Nehmen, das ist Ausatmen. Wer noch das Eine will, muss auch das Andere tun. Der Weltvollendete aber weiß, dass er beides um sich zu erfüllen hat, um in sich frei zu sein. Der Weltvollendete erfüllt die notwendigen Gesetze der Welt, dann aber ist er frei für sich, ein König, ein Meister, ein Gott. Der Weltvollendete ist ohne Wert vor der Welt. Der Weltvollendete ist nicht zu loben. Der Weltvollendete aber weiß von sich, dass er frei ist. Der Weltvollendete freut sich seiner Freiheit. Der Weltvollendete freut sich seines Friedens. Der Weltvollendete freut sich seiner Freude. Der Weltvollendete trägt Frucht. Der Weltvollendete tönt die Welt wider. Der Welvollendete leuchtet im ewigen Licht. Der Weltvollendete gibt der Welt das große Echo. Der Weltvollendete gibt der Welt den Untergrund. Dies ist die Wahrheitslehre. Dies ist die ewige Ordnung. Dies ist, was ewig feststeht. Dies ist, woran nicht zu zweifeln ist. So ist es.

Dies aber ist das ganze Gesetz des abendländischen Buddhas:

„Die Reinheit ist die einzige Waffe des Riesen.
Das Wohlwollen ist das einzige Dogma des Vollendeten."

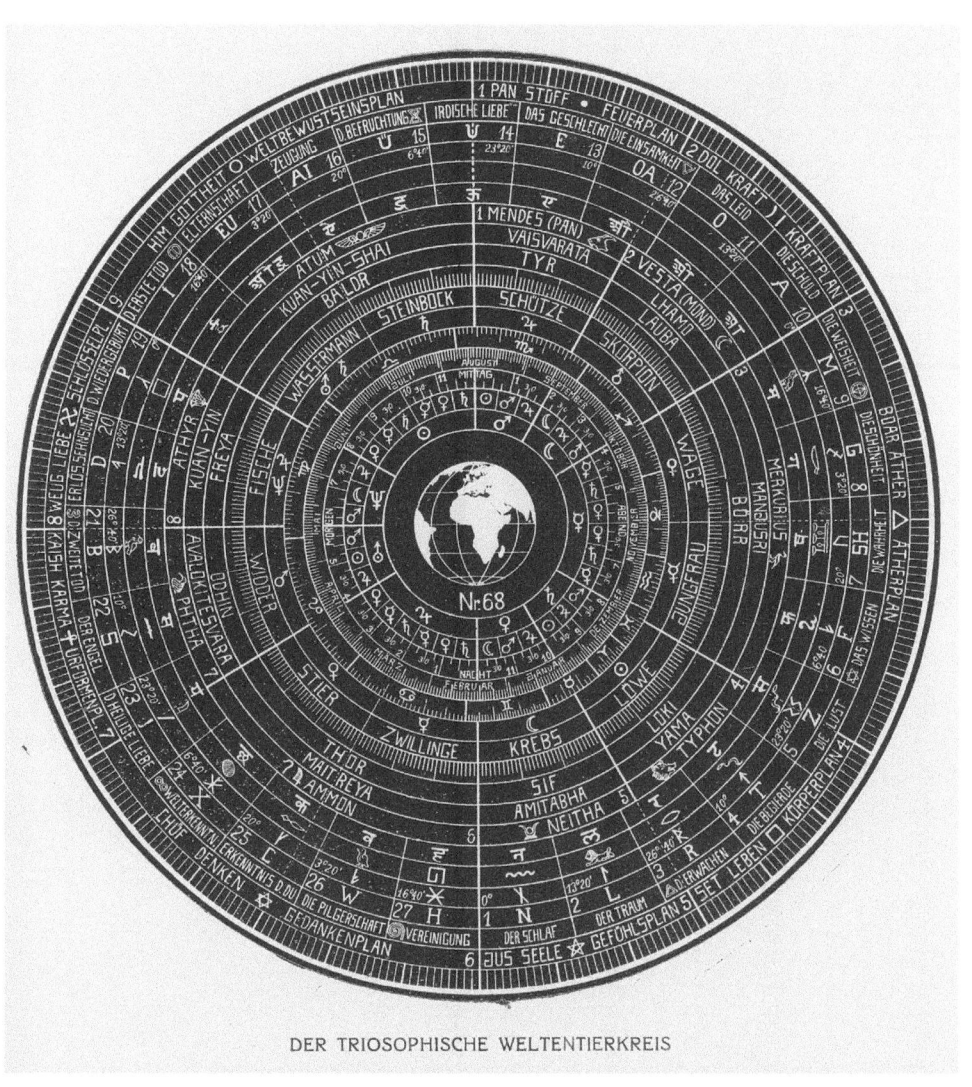

DER TRIOSOPHISCHE WELTENTIERKREIS

Verzauberungen

Magische Gedichte
Lieder der Liebe
Sprüche

Vorbemerkung:

Der Dichter widmet die Gedichte der Zukunft. Sie gehören etlichen aus dem kommenden Geschlecht. Der Aufgang einer neuen Kultur, ungeheuer reich und tief wie die der klassisch-romantischen Epoche, ist allüberall zu fühlen. Sie wird die wunderbaren Schätze indischen Geistes umschmelzen in ungeahnt tiefe Gebilde magischer Kunst. Magie war bis heute nur Musik, aber auch „Wort" kann Magie sein. Indischer Geist zeigt uns den Weg dazu. Das wird das Kunstwerk der Zukunft auszeichnen, dass es Schönheit in Wahrheit und Wahrheit in Schönheit ist. In der magischen Kunstgestaltung werden Europa und Indien, Tat und Traum, Hirn und Herz, Mensch und Gott unlösbar eins werden. Einen Herzschlag lang werden die folgenden Gedichte das Leuchten dieser neuen Welt wohl verspüren lassen. Das sei genug. Im übrigen dient der Dichter nicht der Literatur, sondern

        der kommenden religiösen Revolution!

Verzauberungen

Du webst die Netze Deines Lebens!
Ja, Du!
Alles was welthaft Dich erschüttert,
Wenn Du gejauchzt, wenn Du gezittert.
In fremder Brust suchst Du´s vergebens.
Du webst die Netze Deines Lebens.
Ja, Du!

So sollst Du Dir Verzauberungen schaffen!
Gewiss!
Mit jeder Sehnsucht sollst Du Dich verschwistern,
Mit jedes Lichts Erglühn, mit jedes Windes Flüstern.
Geduld und Demut sind die Waffen.
So sollst Du Dir Verzauberungen schaffen.
Gewiss!

Der Anblick der Sterne

Hat mich Gott aus Ton geknetet?
Bin ich denn aus Staub gemacht?
Oder bin ich seinesgleichen?
Der in Sternen denkt zur Nacht!
Weiß ich´s – bin ich´s?
Heiß ich´s – sinn ich´s!
Alles ist ein Urgefühl,
Leeres Spiel,
wenn wir nur die Worte finden,
Und nicht in die Worte münden.

Gang in den Abend

Urdunkler Sehnsucht voll
Geh ich des Wegs gen Abend,
Durch flüsternde Schluchten
Den Bergen des Lichts zu.
In atmenden Buchten buhlt die Nacht,
Die Straßen sind des Jochs müde,
Deiner Demut müde, o Tag
und wollen führen in das Unendliche.
Waren nicht Buchen des Orts,
Da ich zu Tal stieg
Mit den Winden?
Schwatzen nicht wild Quellen
An jeden Weg jetzt
In kühlen Gelächter?
Gesichte sind des Tags,
Aber Stimmen in der Nacht,
Mit Heiligkeiten und Geheimnissen vom Licht.
Und ewig ist die Klarheit
Der Gipfel und die Kühle
Der Gletscher gegen Mitternacht.
Ich wandere still,
Tief im Gemüt den Tod,
Die große feierliche Freiheit,
Deinen Bergen zu, Licht,
Um Dich zu grüßen
Wenn Du im tieferen Rot
Die erlöste Erde küsst.

*

Willst das Leben Du bemeistern,
Musst das Leben Du begeistern,
Dass Die Feuer, Flamme, Flut,
Jegliches zu Wissen tut!

*

Gib und geh!
Mehr sollst Du niemals tun.
Was freuen soll,
Was blühen soll,
Muss ruhn.

*

Die ihr das Leben kennt und wisst,
Das alles Schuld und Sehnsucht ist,
Wie könnt ihr bang den Weg empfinden.
Auch hinter Wäldern ist noch Welt.
So gleicht dem Sterne der ins Ferne fällt
Und seid ein Gleichnis eurer tiefsten Sünden.

Und wenn von irgendwo ein Schluchzen weht,
Es ist ein Mensch, der mit euch geht!

*

Ich – Mir!

Tierhaft Gelächter wohl aus toten Augen,
Die nimmer Ziel und nimmer Sonne sagen,
Die sternhaft viel Vertanes tragen
Und alles Lichte lauschend saugen:

Es ist mein Eigentum, so stumm zu scheinen,
Wo Seele rauschende Bestimmung regt,
Aus Schluchten, Stürzen, Bergen unbewegt,
Das ziellos Lebende im Geist zu einen.

*

Die Stunden wandern mit den Sternen.
Dort rauscht ein Zug ins Land.

Die Lichter zittern. Über Dächern
Steht der Vollendete und lächelt.
Ich bin noch kühler als die tiefste Nacht.
Nichts, ein hingewehter Schatten,
Lautlos.

Was bellt der Hund? Ich weiß nicht, wo?
O, Seele, liebes, von tausend
Dunkelheiten banges Kind,
Geh schlafen eh' der Ost sich rötet,
Die weisheitsvolle Schwermut tötet.
Geh schlafen! Schlaf ist Tiefe.
Die Sternen wandern mit den Stunden.

*

Es tanzt die Welt, es tönen ihre Feste.
Ich aber bin der dunkelste der Gäste.
Schmerz packt mich an, wann werde
Ich Stern euch sein, Strom oder Erde.
Ihr habt kein Herz und keine Heimat mehr,
Die Brust ist wie eine Muschel leer,
Durchrauscht von alten Sagen.
Mich hat die Tiefe angeschlagen.
Ihr tönt noch viel zu wild im Wind der Zeit.
Und meine Heimat, sie heißt Einsamkeit.
So form ich behend euer Gebot:
Des Lebens letzte Tiefe ist der Tod.

*

Mir ist so schwer zu Mut,
Als trüg ich alles Weh der Erde.
Bist Du mir denn so gut
Dass ich vergessen werde?

*

Deine Hände sind klein!
Sind ein Lächeln, ein Blick.
Doch Deine Hände sind mein.
Und das ist Glück!

*

Ich möchte in dich hineinstürzen, Geliebte,
Wie ein tosender Strom in die Fluren der Ebenen.
Ich möchte in dir ertrinken, Geliebte,
Wie die Amsel im Lichte des Frühlings.
Ich möchte in dir vergehen, Geliebte,
Wie das Erstaunen im Lächeln des Glücks.
Ich möchte in dir verklingen, Geliebte,
Wie das Lied in der Flöte des Sängers.
Ich möchte in dir verblühen, Geliebte,
Wie die Rosen im Atem des Südwindes.
Ich möchte in dir auffluten, Geliebte,
Wie der Einsiedler der Schlucht in seinen Gott!

*

Dein Lächeln leuchtet
Um Deinen Mund,
Wie wenn an dunklen Juliabenden,
Des milden Südwindes Sehnsucht leise
In träumerischen Zweigen schluchzt,
Und von der Silberhand des Leids berührt,
Des Tulpenbaumes dunkelrote Blüten
Bis ans Herz entblättern,
Und duften, wenn sie bluten
Und lächeln, wenn sie sterben.

*

Schmiege Dein goldumblühtes Haupt in meine Hände,

Und denk zu Ende
Glück, Welt und Leben.
Ich will Dir Deine Seele geben,
Ich will Dich küssen!
Lächle nicht! Wenn ich weine!
O, und ich weine,
Da Du lächelst.

*

O, Geliebte!
Wie leuchtest Du, seltsam aufgeblüht!
Der weiche Duft von weißen Hyazinthen,
Der von Dir strömt,
Berauscht mich sonderbar!
O, meine wilde, weiße Taube!
O, meine weiße Rose!
Du bist der Kelch,
Aus dem ich doch Versöhnung trinken will,
Mit denen, die mich schlugen.

*

Wie ein Schmerz durch die Nächte geht,
So misst du!
Wie ein Glück durch die Jahre weht,
So küsst du!
Wie ein Stern über den Bergen steht,
So grüßt du!
Ach, ein unendliches Schmerzgebet,
Das bist du!

*

Dass es mich wortlos zu dir zieht,
Bin ja jetzt nimmer Licht oder Lied.
Unaufhörlich braust mein Blut dir zu:
Ich bin nicht mehr ich, nur du, nur du!

Ach, und kann nur wie die Bäume schweigen,
Blühend und blutend in Schmerz mich neigen.
Liebe schlägt unfassbar die Seele an.
Niemand weiß wozu, wohin und dann?
Dann verklingt mit ewiger Klage!
Warum diese trunkenen Frühlingstage?

*

Den Immerwirkenden

Ahnst du in seltenen Bezirken
Der edlen Wehmut träumende Gewalt
Und hoffst im höchsten Wirken
Den Aufbruch der Gestalt.
Verschwinde! Zum frühen Lichte du,
Aus Berg und Fluss und Welle,
Zur tiefsten Innenquelle,
Zur Ruh!

*

Die dunklen Gärten sind
Von weißen Rosen übervoll.
Duft ist im Wind,
Dass man erschauern soll.

Wär ich noch träumend im Kloster,
Wüsst ich vergeltenden Bann,
Ein lächelndes Paternoster,
Das Wunder wirken kann!

Bin heute ein Grübler in Sünden,
Unendlicher Geheimnisse Kind.
Will küssen, wissen, künden,
Musik, Tod, Licht und Wind.

Ich finde keine Bahn
Zu Motor, Bar und Jazz.
Alles zerrinnt im Wahn
Und Schwermut ist Gesetz.

*

Nacht! Nacht! Die letzte Stille kommt!
Erschauernd fühl´ ich dein Begehren, du endliche Erlösung,
Dein Wachsen in mich, dein Mich-Gestalten.
Ich fühl die Nacht! Nacht!
Du Stille der letzten Tiefe.
Ahnend zittere ich dir zu,
Dir klarer, kalter Atem Gottes.
Die Braue ist wieder sanft und das Auge groß.
Es trinkt deine Flut, mein Sich-Entfalten.
Nichts mehr ist Stadt und Wald und Mensch und Weib.
Tag-Seele entwich. Ich fand den Weg zur Tiefe.
Verarmt schien mein Leben, weil Tag es gebannt.
Ich sah nur noch enges, begrenzt graues Land.
Doch was ist nun arm und was ist nun reich.
Was Jenseits und Diesseits, verschieden und gleich.
Ich fand meinen Pfad!
In das Lächeln der Unendlichkeit.
Wer fühlt die Entlösung?
Wer fühlt die Entformung?
Wer fühlt die Wiedergeburt der Gestalt?

*

Jeder Mensch hat sein Gebote.
Keiner ist von Sehnsucht frei.
Was im Dunkel drohte,
Was aus Hellem lohte,
Ewig bildet es sich neu.

Suche nicht und sinne nicht.
Liebe nur und fühle.

Was du liebst wird licht.
Was du fühlst wird Pflicht.
So kenne deine Ziele.

*

Immer fühl ich die Wüste weit
Und Einsamkeit! Und Licht!
Ich Traumtor, wahndurchblitzter Fant!
Soll weit und leer und müde sein,
Tot sein und doch sein.
Tief ruhend in des Abends Pyramide.
Nur keine Sterne und keines Vogels
Lullendes Gelall!
Nur Licht!
Nur Wüste!
Einsamkeit!

*

Leid gibt uns
Besitz und Gut.
Wenn uns die Welt
Überschüttet mit Zweifel und Tat,
Schmerz gibt uns
Macht, ewig jung zu sein.

*

Nicht Grübeln ist Gewähr.
Wie Gut und Böse wurden.
Nein, macht es nicht,
Dass alles sich ins Denken kehre.
Gebt unserm Augenblick die Ehre.
Das Morgen kümmert,
Der das Morgen fürchtet.
Der Augenblick,
Das ist des Weisen einzige Wohnung.

*

Mein Wort ist Lächeln.
Und die Tat sei Liebe!

*

Es ist ja alles Fehl und Sünde;
Und trotzdem blüht der Weg
Und Rehe äsen im bewaldeten Geheg
Und gleiten aus dem blauen Winde.

Wenn du dich über Hände beugtest, küsstest
Die milde Haut und nicht den Mund.
Ward dir nicht das Geheimnis kund
War dir nicht so, als ob du alles wüsstest?

Oder wenn drei Schritte vor dir im Gewühle,
Verträumter Blick sich dir verfing,
Wie Licht in einen Saphirring,
Rief nicht das Blut, geh, schweige, fühle?

Und wie ein Lächeln Gott verkündet,
Das letzte Gleichnis das Verstehn sucht,
Ist Leben nur Erinnerung und Sehnsucht,
Glück, nur ein Schluchzen, das die beiden bindet.

Weitere Bücher aus dem Christof Uiberreiter Verlag:

Das goldene Blatt der Weisheit
Seila Orienta/Franz Bardon

Zum ersten Mal in der okkulten Literatur wird die 4. Tarotkarte des Hermes Trismegistos verständlich beschrieben und offengelegt. Sie beinhaltet unbekannte Konzentrations- und Meditationsübungen. Des Weiteren gibt sie Hinweise und erklärt die Unterschiede zwischen Magie und Mystik und Gefahren des einseitigen Weges. Am Ende steht die Verbindung mit der universellen Gottheit, dem Herrn der Sonnensphäre, welcher quabbalistisch „Metatron" genannt wird.

*

5. Tarotkarte – Mysterien des Steins der Weisen
Seila Orienta/Franz Bardon

Dieses Buch stellt die Vorderseite der Alchemie dar, die die einzelnen praktischen Übungsschritte erklärt, ohne die verschlüsselten Mystifikationen der alten Alchemisten auch nur annähernd zu erwähnen, wie man es aus den anderen Büchern des Franz Bardon kennt. Es wird erklärt, dass ohne vollkommene Beherrschung der 4 Elemente keine Alchemie möglich ist. Des Weiteren wird mit den einzelnen Ebenen, mit den Matrizen, dem elektromagnetischen Fluid usw. gearbeitet. Doch der Hauptpunkt stellen die göttlichen Eigenschaften wie z. B. die Allmacht dar, mit denen der Göttliche Stein der Weisen durch gewisse Übungen geladen wird.

*

Talismanologie und Mantramkunde
Seila Orienta/Franz Bardon

Zum ersten Mal werden hier (magisch) geladene Mantrams – Gebetssätze – preisgegeben, welche bei nötiger Reife, Ausgeglichenheit und Reinheit durchdringende Erfolge versprechen. Mantrams sind ja nach Bardon nicht irgendwelche „Suggestionssätze", sondern sie sind Ideenausdrücke, mit denen man mit Mächten, Kräften, Eigenschaften, also Gottheiten, in Verbindung kommen kann. Gleichzeitig werden die dazugehörigen Siegelzeichen der göttlichen Ideen preisgegeben, welche im rituellen

Zusammenhang mit den Mantrams stehen. Ein Buch, dass nicht nur die Hermetiker, sondern auch die Anhänger der Yogawissenschaften inspirieren wird!

*

Eine Sammlung der schönsten und lehrreichsten Beschwörungsgeschichten
Hohenstätten

Dieses Buch ist einzigartig, denn es zeigt den zweiten Band von Franz Bardon an Hand von interessanten Evokationsberichten, die genau das bestätigen, was Bardon in seinem Buch geschrieben hat, und noch darüber hinaus. Es werden sensationelle Erlebnisse geschildert, die man sonst niemals findet. Auch aus unveröffentlichten Schriften wird zitiert.

*

Verkörperungen des Meister Arion
Hohenstätten

Man wird beim Lesen dieses Buches nicht glauben, wie viele bekannte und unbekannte Inkarnationen Franz Bardon hatte. Die paar, die im „Frabato" bekannt gegeben wurden, stellen nur einen geringen Teil seiner Verkörperungen dar. Wir mussten, da es dermaßen wenig Literatur über die Verkörperungen gab, wieder hunderte und aberhunderte von Büchern, Aufsätzen, Zeitschriften und Artikeln durcharbeiten, bis wir genügend Material für dieses Buch hatten. Aber der Leser wird sich beim Lesen sicherlich über unsere Arbeit freuen, denn sie wird ihn in Erstaunen versetzen!

*

Shamballa, der goldene Tempel des Lichts
Hohenstätten

Dieser Tempel dürfte jeden Leser von Bardons Roman „Frabato" fasziniert haben. Dass es aber in der okkulten Literatur noch viel mehr Informationen darüber gibt, die man aber nur findet, wenn man alles Veröffentlichte gelesen hat, dürfte dem einen oder anderen unbekannt sein. Es wurden wieder ganze Stöße von Büchern durchgesehen und das Ergebnis wird hier veröffentlicht. Es wird aber gleichzeitig darauf hingewiesen, wie viel Schundliteratur es darüber gibt, wie viel Lügen im Umlauf sind, damit sich der Schüler der Hermetik ein klares Bild machen kann. Wir bringen in diesem Buch alles, was wir an Material darüber gefunden haben und es wird auch noch einiges aus der eigenen Erfahrung, was das Wertvollste ist, mitgeteilt. Nicht nur über den Tempel wird berichtet, sondern auch über die damit verbundene „Bruderschaft des Lichts", dessen Sitz er darstellt.

*
Auf der Suche nach Meister Arion
Hohenstätten

Diese Autobiographie eines Schüler der Hermetik des Franz Bardon schildert sein magische Leben, in welcher zahlreiche Erfahrungen zu den Übungen aus dem Adepten geschildert werden, die die Hauptperson selbst erlebt hat. Es wird der schwere Weg des Adepten aus autobiographischer Sicht gezeigt, seine vielen Tiefschläge, aber auch seine glanzvollen Seiten und Zeiten. Der harte Kampf mit dem Seelenspiegel wird bis in alle Einzelheiten aufgezeigt, genauso wie die vielen anderen Wege, in welche der Autor reinschnupperte, um dadurch reichlich Erfahrung sammeln zu können. Darüber hinaus enthält es unzählige Erfahrungen und Berichte betreffs Mantramistik nach Bardon, die wahre Runenmagie, zahlreiche Evokationen sowie Invokationen mit seinem Lehrer Anion, einen magischen Exorzismus, wie er bisher noch nie öffentlich geschildert wurde. Mentalreisen, Beeinflussungen, Übungen zur Gottverbundenheit, Erscheinungen, Alchemie, Heilungen mit den verschiedensten magischen Methoden z. B. Quabbalah oder durch die Elemente, Schutzgeistevokationen und viele andere magische „Wunder" seines Freundes und Lehrers Anion. Auch einige magische Fotos in Farbe, ein bisher von Bardon unveröffentlichtes Akashafoto von Christus und ein Bild des schwebenden Meister Arion werden in diesem Buch preisgegeben. Der Inhalt ist viel reichlicher, als hier kurz beschrieben werden kann.

*
Magisches Gleichgewicht
Hohenstätten

Dieses Buch zeigt eindeutig, dass in allen anderen Systemen das „Gleichgewicht" genauso gebraucht wird, wie bei Bardons Werken. Er war nicht der Einzige, der das erwähnte, aber er war der erste, welche es deutlich erklärte, denn die anderen Systeme sprachen nur durch das Symbol, welches nicht jedem Leser verständlich war. Obendrein bringen wir noch Unveröffentlichtes vom Meister Arion zu dieser Grundlage der magischen Entwicklung.

*

Das Leben und die Erfahrungen eines wahren Hermetikers
Seila Orienta

Diese Autobiographie eines Magiers ist unübertroffen, denn bis jetzt hat kein einziger, okkult Geschulter, so offen und ehrlich gesprochen wie Seila Orienta. Er gibt in diesem Werk sein Leben bekannt, sowie seine zahlreichen und äußerst interessanten Erlebnisse und Erfahrungen. Es werden auch zum ersten Mal Fotos von Wesen der Sphären gezeigt, welche Franz Bardon höchstpersönlich in den 20ern gemacht hat. Des Weiteren schreibt Seila Orienta über die Sphären, über Dämonen, Logenkontakte und vieles, vieles mehr, was einem ehrlich strebenden Hermetiker das Herz übergehen lassen wird.

*

Das Leben des Franz Bardon
Hohenstätten

Dieses Buch beschreibt das Leben des Meisters außerhalb des Frabatos, welches seine Sekretärin – Otti V. – geschrieben hat. Es beinhaltet Erklärungen zu seiner „Biografie", weitere Einzelheiten über den Kampf mit der FOGC, seine Beziehung zu Wilhelm Quintscher und anderen Okkultisten, was alles bisher unbekannt war! Des Weiteren werden viele Erlebnisse seiner Schüler in Prag erzählt, verschiedene magische Leistungen und interessante Geschichten Bardons beschrieben, die bis dato unveröffentlicht sind. Es werden auch seine drei Lehrwerke und deren Wirkung auf die Öffentlichkeit von einem anderen, unbekannten Standpunkt geschildert, welcher durch bisher schwer zugänglichen Schriften unterstützt wird. Als Krönung wird seine aus dem tschechischen übersetzte „Runenschrift" zum ersten Mal veröffentlicht. Auch einige Seiten aus anderen unveröffentlichten Schriften von ihm sowie interessante Fotos des Meister Bardon und seiner Freunde werden hier preisgegeben und vieles, vieles mehr.

*

In Verbindung mit der Gottheit
Hohenstätten

Über das Thema der Gottverbundenheit mit all seinen Formen und

Methoden wurde bis heute noch nie ein Buch verfasst geschweige denn eine Schrift geschrieben. Man findet in der okkulten wie in der östlichen Literatur nur spärliche Hinweise, die größtenteils verschlüsselt sind oder so geschrieben wurden, dass man sie kaum versteht. Im Gegensatz dazu wird in diesem Buch offen dargelegt, dass das 1. kleine Arkanum der 78 Tarotkarten die Gottverbundenheit in ihrer Reinform darstellt.

*

Hermetische Heilmethoden
Hohenstätten

Dieses Buch stellt in der okkulten Literatur ein absolutes Unikum dar, denn über die Gesamtheit der okkulten Heilmethoden wurde bis jetzt noch NIE etwas Sinnvolles geschrieben. Es werden alle Heilmethoden erwähnt, die der hermetische Schüler mit Hilfe seiner bisher erlangten Konzentrationsfähigkeit ausüben und verwenden kann.

*

Erste hermetische Zeitschrift

„Der hermetische Bund teilt mit" ist eine der wenigen magisch-mystischen Zeitschriften, welche sich soweit als möglich auf die universelle Lehre von Franz Bardon bezieht. Sie versucht sich an die Gesetze des 4-poligen Magneten zu halten und vermittelt Wissen sowie Hinweise für die Praxis, damit der Leser die Möglichkeit hat, sie in seinen hermetischen Weg aufzunehmen und für sich gewinnbringend zu verarbeiten.

Noch viel mehr hermetische Literatur finden Sie auf unserer Website: http://www.hermetischer-bund.com.

Viel Vergnügen beim Stöbern!

Der Verlag